COLIN C. TIPPING

Cómo crecer
en el *amor*

*Un libro que te ayudará a despertar el ser que eres,
elevar tus vibraciones y crear unas relaciones
personales enriquecedoras*

EDICIONES OBELISCO

Si este libro le ha interesado y desea que le mantengamos informado
de nuestras publicaciones, escríbanos indicándonos qué temas son de su interés (Astrología,
Autoayuda, Ciencias Ocultas, Artes Marciales, Naturismo, Espiritualidad, Tradición…)
y gustosamente le complaceremos.

Puede consultar nuestro catálogo en www.edicionesobelisco.com.

Colección Psicología
CÓMO CRECER EN EL AMOR
Colin C. Tipping

1.ª edición: marzo de 2015

Título original: *Expanding into Love*

Traducción: *Dolores Lucía Colón*
Maquetación: *Marga Benavides*
Corrección: *M.ª Jesús Rodríguez*
Diseño de cubierta: *Enrique Iborra*

© 2013 Colin C. Tipping
(Reservados todos los derechos)
© 2015, Ediciones Obelisco, S. L.
(Reservados los derechos para la presente edición)

Edita: Ediciones Obelisco, S. L.
Pere IV, 78 (Edif. Pedro IV) 3.ª planta, 5.ª puerta
08005 Barcelona - España
Tel. 93 309 85 25 - Fax 93 309 85 23
E-mail: info@edicionesobelisco.com

ISBN: 978-84-16192-44-1
Depósito Legal: B-4.914-2015

Printed in Spain

Impreso en España en los talleres gráficos de Romanyà/Valls S. A.
Verdaguer, 1 - 08786 Capellades (Barcelona)

Introducción

El concepto que exploramos en este libro es que el amor genera expansión, y que todo lo que no sea amor como por ejemplo el miedo, la ira, el odio, el resentimiento, el control, la codicia y otras energías de ese tipo, impide dicha expansión y produce un encogimiento de la conciencia. Por consiguiente, la senda del amor es la que nos interesa elegir siempre a fin de lograr la expansión, y hacer todo lo posible para evitar su contrario que, con toda certeza, nos mantendría atrapados en una baja vibración y se opondría a nuestro crecimiento y nuestra evolución.

El propósito de este libro es proporcionar indicadores, herramientas y procesos que te ayuden a crecer en el amor. No obstante, comprobarás que nuestro argumento no deriva de las premisas expuestas en el párrafo anterior. Tomarlo como referencia sería apartarnos de lo que considero esencial a la hora de comprender lo que el amor realmente es, porque estamos aquí, cómo funciona el mundo espiritual y qué papel desempeñamos en él.

El hecho es que en ciertos momentos la senda del Amor no es relevante para el crecimiento de nuestra alma. De la misma manera que necesitamos conocer primero la oscuridad a fin de experimentar la luz, es necesario que estemos expuestos al dolor de lo que no es Amor a fin de aprender y experimentar plenamente lo que el Amor es.

El Amor y la Unicidad son lo mismo. Con el fin de vivenciarnos como Amor, hemos elegido experimentar en nuestras vidas lo opuesto a la Unicidad que es la separación. Para eso hemos venido a la Tierra. En realidad es nuestro único propósito por estar aquí.

Esto contrasta con la doctrina religiosa de que caímos en desgracia, que Dios está muy enfadado con nosotros por haber jugado con la idea de poder separarnos y que debemos expiar ese «pecado original» si queremos salvarnos de su ira.

Una interpretación bastante más divina del porqué estamos en la Tierra en un cuerpo humano es que, lejos de haber hecho nada contra Dios, estamos aquí para servirle. Hemos venido a este mundo de las formas para colaborar en la expansión de la Conciencia Divina, proporcionando a Dios la oportunidad de vivenciarse a sí mismo como Amor a través de nosotros, no solamente como un pensamiento sino como una sensación. Es la razón por la cual tenemos un cuerpo. Sin nosotros, Dios no es.

Así, lejos de haber cometido un horrible pecado al convertirnos en seres humanos, elegimos encarnarnos a fin de llevar a cabo el propósito espiritual de expandir la conciencia de Unicidad y así evolucionar hacia un nivel superior de conciencia. Mientras estamos aquí en el plano humano, pretendemos estar separados y experimentamos el Amor como una profunda añoranza de conexión con todos y con todo, en otras palabras, un profundo anhelo de ser lo que realmente somos, seres espirituales teniendo una experiencia espiritual en un cuerpo humano.

El Amor es la verdad de quien y de lo que somos. Es la energía que nos conecta con el plano espiritual. Dios es Amor, somos Amor, el Amor es todo lo que hay. Por consiguiente, no tenemos que estar buscando el Amor porque ya está en nosotros. Expandirnos en él significa sencillamente despertar al hecho de que no somos sino Amor.[1]

Este Mundo de la Humanidad es nuestra escuela, la vida es el currículo y cada día recibimos muchas lecciones de separación y Unicidad. Los demás seres humanos, nuestras mascotas y la fauna son nuestros instructores.

---

1. Es por este motivo que Amor se escribe con mayúscula en este libro por ser la expresión de lo divino. (*N. de la T.*).

Todo indica que, previamente a nuestra actual encarnación, debatimos seriamente con nuestros ángeles de encarnación acerca de cuánta separación deseábamos experimentar en ella. No sólo elegimos cuánta tendríamos sino también el tipo de separación que queríamos experimentar. Tenemos mucho dónde elegir: abandono, abuso, explotación, manipulación, esclavitud, discriminación, tortura, rechazo, traición, infidelidad, aborto, asesinato, enfermedad, etcétera.

Igualmente pudimos elegir experimentar el dolor de la separación desde el punto de vista de víctima o el de victimario. Al dividir el mundo entre víctimas y victimarios nos aseguramos de estar creando infinidades de oportunidades de apoyarnos los unos a los otros creando separación. Necesitamos ambas perspectivas para que todo funcione. A veces somos víctimas y otras somos victimarios. Sea como sea, no hay diferencia porque el dolor es el mismo. Es el dolor de la separación.

Parece ser una necesidad que la experimentemos primero desde un ángulo y luego desde el otro. Por eso, si hemos padecido mucho cierto tipo de dolor a título de víctima en una vida anterior, asumiendo que creemos en la reencarnación, es posible que elijamos lo mismo para esta vida, pero esta vez desarrollando el papel de victimario. A esto se le conoce como karma compensatorio: todo vuelve.

Y esto se repite una y otra vez en nuestra vida presente. El karma lleva una carga y, mientras siga vigente y no hayamos perdonado a su fuente, seamos nosotros u otra persona, seguirá atrayendo o repeliendo todo lo que se le parezca. Veremos más adelante cómo esta dinámica se manifiesta en todas nuestras relaciones con patrones repetitivos.

Aquí medimos el dolor de la separación refiriéndonos a valores llamados Unidades Kármicas, o UK para acortar. Cierto volumen de dicho dolor es igual a una UK y elegimos de antemano, como parte de nuestro contrato de encarnación, cuantas UK suscribimos.[2]

---

2. No te preocupes, las UK no son reales pero ayudan a la narración otorgando un valor numérico al dolor de la separación.

En su vida actual unas almas han elegido muchas UK y otras menos. Todo depende de la necesidad de compensar nuestras experiencias en vidas anteriores. También puede depender del número de UK que necesitamos alcanzar para conocer la Unicidad al más alto nivel de conciencia espiritual, lo cual al fin y al cabo es el propósito del ejercicio. La cantidad de drama que crees en tu vida indica cuánto crecimiento espiritual quieres conseguir en esta vida. ¿Acaso no hay mejor forma de enmarcarlo que llamándote a ti mismo *drama queen?*[3]

Una característica esencial de ese plan es que al encarnarnos olvidamos todo los acuerdos contraídos. Olvidamos todo acerca de nuestra vida como seres espirituales y apenas tenemos conciencia del mundo espiritual del que provenimos. La amnesia espiritual es necesaria porque sin ella no sentiríamos el dolor asociado con cada experiencia de separación. Sencillamente la evitaríamos al saber que es falsa y es tan sólo un juego. Es preciso que no tengamos conciencia de haber elegido esas experiencias y de estar co-creándolas junto con otras almas con un propósito específico.

Muchos indicios sugieren que gran parte de las cosas que nos ocurren en la vida se planificaron antes de nuestra encarnación. Éstas derivan de un cierto número de acuerdos tomados con otras almas que se encarnan con nosotros. Acordamos entrar en ciertos momentos en la vida de otros y hacer cosas que nos lleven a experimentar el dolor de la separación.

Las almas que más nos ayudan en eso suelen ser las que elegimos específicamente como padres. Si deseamos experimentar muchas UK en esta vida, ¡nada mejor que unos padres disfuncionales para que funcione todo el proceso! Las heridas de la temprana infancia no sólo

---

3. Literalmente, *reina del drama.* Expresión inglesa bastante corriente entre los angloparlantes para definir a una persona quejica, autocomplaciente, que quiere ser el centro de atención haciendo un drama de cosas insignificantes. Se aplica tanto a hombres como mujeres. *(N. de la T.).*

nos proporcionan UK nada más empezar sino que también cosechamos mucho dolor de separación a medida que avanzamos. Almacenamos dolor y almacenamos la mayor cantidad posible de UK creando a lo largo de nuestra línea de tiempo toda una serie de experiencias muy similares a las vividas con nuestros padres.

Con los participantes en nuestros talleres hemos comprobado que muchos pueden identificar en su vida los patrones con los que van creando el mismo drama una y otra vez con personas distintas como medio de reactivar el dolor original. Si fueron abandonados siendo niños, se ven abandonados de alguna manera por muchas personas a lo largo de su vida adulta. Es corriente que los niños víctimas de abusos o maltratados sigan experimentando cierto tipo de abusos durante el resto de su vida y claramente los atraen, dando a entender que creamos nuestra vida momento a momento como exteriorización de nuestra conciencia y que, además, existe un propósito divino en todo ello.

En el pasado solía explicar que el propósito de cada repetición era recordarnos que la herida inicial había quedado sin sanar y que el propósito del *Perdón Radical* era sanarla. Sigo enseñándolo de esta manera a ciertas audiencias aún no maduras para abordar el modelo de viaje del Alma que estoy explicando ahora.

Según el principio del *Perdón Radical* que dice que nada malo ocurrió, el término *sanación* no se aplica aquí porque no hay nada que sanar. La herida primaria fue algo que el alma eligió y los padres cumplieron el acuerdo de alma proporcionando la oportunidad. Luego cada repetición estaba destinada a multiplicar el dolor. Con esas ideas basadas en mis observaciones desarrollé este nuevo modelo teórico para explicar cómo y por qué realizamos ese viaje.

«Y se casaron y vivieron felices por siempre». FIN. Así culminan las relaciones en los cuentos de hadas y, como resultado, alimentan el mito de que el matrimonio no trata de otra cosa que de felicidad. El mito ha proporcionado un buen nivel de vida a los asesores matrimoniales y a los abogados de divorcio, sin olvidar miles de autores que han escrito libros e interminables artículos sobre el tema. Todos tratan de vender-

nos la idea de que el propósito de las relaciones es la felicidad. Están equivocados. El propósito primario de las relaciones, al menos mientras no hayamos despertado, es darnos la oportunidad de sentir el dolor de la separación.

FASE DE AMNESIA ESPIRITUAL	DESPERTAR	EXPANSIÓN EN EL AMOR
Encontrar tantas maneras como sea posible de experimentar la separación a fin de lograr las unidades kármicas elegidas. Utilizar el dolor de vidas anteriores para iniciar y luego reactivar el de experiencias tempranas mediante la repetición. Una vez alcanzado este punto, es hora de despertar y recordar. La crisis es la llamada a despertar.		Volver al pasado y despejarlo, disolviendo viejos agravios, ver la perfección en todo y amar lo que hay, tal como es. Más adelante en la vida, usar las herramientas del Método Tipping para permanecer despierto y seguir expandiéndose en el Amor marcando una diferencia y sirviendo.
Nacimiento **EL VIAJE VITAL DE NUESTRA ALMA** *Fallecimiento*		
VIEJO PARADIGMA **Conciencia de víctima**	DESPERTAR	**NUEVO PARADIGMA** **El paraíso en la Tierra**
Perfecta para experimentar el dolor de la separación. El amor aparece bajo muchos disfraces que parecen todo menos amor: miedo, ira, control, dominación, codicia, crueldad, etcétera. Un experimento viejo de 15.000 años para expandir la conciencia de Unicidad llegando a su término.		Seres espirituales teniendo una experiencia espiritual en un cuerpo humano manteniendo la visión de un mundo de armonía, paz y amor. El Mundo del Espíritu y el Mundo de la Humanidad se convierten en Uno.

Figura 1. El viaje del alma (modelo)

Las interacciones entre personas, ya sea en familia o en el lugar de trabajo, proporcionan una infinidad de ocasiones para sentir distintas formas de separación: rechazo, abandono, maltrato físico, emocional, mental, o sexual, violación, incesto, mentira, traición, robo, infidelidad, violencia verbal, manipulación, negar amor y apoyo o comunicación, hacer sentir vergüenza, pisotear, discriminar, intimidar, calumniar, etcétera.

Dejando aparte a tus padres, ¿quién está mejor posicionado para proporcionar tales oportunidades que tus hermanos, abuelos, amantes, hijos, familia política, colaboradores y socios, sin olvidar otro tipo de personas con las que nos relacionamos como líderes religiosos, médicos, hombres de ley, policía, políticos y criminales, etcétera? Y sin olvidar entidades como el Gobierno, Hacienda, la Iglesia, los medios de comunicación...

El modelo *Viaje del Alma* no es fácil de aceptar y entiendo perfectamente que la gente opine que es una locura. Tiene poco sentido para nuestra mente racional y es poco congruente con lo que nuestros cinco sentidos nos dicen acerca de la naturaleza del mundo real ahí fuera.

Lo único que puedo contestar a eso es que cuando las personas se abren a él, incluso a título de posibilidad remota, la magia tiene lugar. Todo cambia. No sólo nos sentimos mejor y automáticamente nos expandimos en el Amor, sino que todo cambia ahí fuera.

Por eso te invito a acompañarme un rato para comprobar sus resultados para ti. No hace falta creer en ello, sólo estar dispuesto a abrirse lo suficiente como para probarlo. De hecho, es bueno contemplarlo con sano escepticismo. Yo mismo soy muy escéptico con respecto a él. Sin embargo, mi experiencia es que funciona, entonces ¡no importa que sea cierto o no!

Otra cosa que me lleva a pensar que todos hacemos este viaje por la misma razón es que nadie parece librarse. Seamos ricos o pobres todos vemos aparecer en nuestra realidad, autocreada, algún tipo de dolor ligado con la separación.

Hace ya bastantes años, mi esposa y yo creamos una actividad llamada *Ceremonia en Círculo de Perdón Radical*. La hemos facilitado cientos de veces en todo el mundo. Los participantes forman un círculo y el facilitador lee un cierto número de preguntas. Normalmente unas diecisiete, preguntando si han sido víctimas o victimarios de algún comportamiento que ha causado cierto tipo de separación como la mentira, la traición, el abuso sexual, etcétera.

Cuando sienten que la pregunta les corresponde, incluso si está relacionada con un hecho muy antiguo, están invitados a realizar un viaje de sanación al cruzar el círculo como símbolo de su apego a su historia de víctima. Después escuchan una parábola que sugiere un propósito divino en lo que ocurrió y cruzan el círculo una segunda vez expresando su disposición a ver la perfección en la situación tratada.

Esta ceremonia es un proceso extraordinario en el que los participantes consiguen perdonarse y perdonar a todos en su vida, pero el punto que deseo recalcar ahora es que no importa dónde facilito la ceremonia y quién participa en ella, la respuesta es siempre la misma. Las diecisiete preguntas cubren más o menos todas las formas concebibles y existentes de victimización, y siempre ocurre que las personas entran en el círculo por no menos de entre un 70 y un 80 por 100 de las preguntas.[4]

Parece evidente que todos hemos experimentado el dolor de la separación aunque en una proporción mayor o menor según sea nuestro deseo, y absolutamente nadie se libra de él mientras vive en el planeta. Y tendrás que admitirlo, somos muy buenos creando separación. La conciencia de víctima sigue siendo el paradigma predominante que rige el mundo y lo ha estado haciendo a lo largo de quince mil años.

Esa búsqueda de separación no se prolonga necesariamente durante toda nuestra vida pues, en cuanto nuestra alma se queda satisfecha al

---

4. Si deseas conducir esta ceremonia, pregunta por el material de formación en info@perdonradical.es. *(N. de la T.)*.

haber experimentado la cantidad de separación que necesita, recibimos la señal de empezar a despertar de la ilusión que hasta ahora ha sido nuestra vida. El mensaje es despertar y recordar la verdad.

Esto se produce tras un serio episodio de dolor de separación. Lo llamo la *crisis* y, a menudo, es la gota que hace desbordar el vaso y nos lleva a examinar nuestra vida. Es cuando nos damos cuenta de que las cosas no son como siempre parecieron. Lentamente vamos tomando más y más conciencia de que la vida tiene una dimensión espiritual y que la nuestra está guiada por la Divinidad. Empezamos a recordar quiénes somos: seres espirituales que tienen una experiencia espiritual en un cuerpo humano. Y esto marca el principio de nuestro *despertar*.[5]

A partir de ese momento tu vida empieza a cambiar. Eso sí asumiendo que te quedan años de vida y que quieres continuar la experiencia de la vida. Sospecho que hace unas décadas, y para la mayoría de la gente, el despertar ocurría en el momento de la muerte. Ahora, con la elevación general de las conciencias, esto les ocurre a muchas personas a mediana edad. Crear la cantidad de separación por el que firmaste requiere el tiempo que haga falta pero, como la vida se ha acelerado, también lo hacen las oportunidades de experimentar separación.

Las personas que acuden a mis talleres de Perdón Radical suelen rondar los cuarenta años. Pero muchos de ellos tienen más de cincuenta o sesenta años. Esto no quiere decir que no han estado despiertos sino que vienen a trabajar todo el viejo bagaje del pasado.

Tú, querido lector, debes de estar abordando la fase de despertar o ya has empezado el proceso de despertar o no estarías leyendo este libro. No me cabe la menor duda.

---

5. Al utilizar la palabra *despertar* soy consciente del riesgo potencial de caer en la ostentación espiritual. Ese término se utiliza para describir la experiencia de los maestros espirituales como Buda y Jesús al alcanzar la iluminación. Aquí el término tiene un sentido más sencillo e indica un incremento bastante súbito y a veces drástico de la propia conciencia de la realidad espiritual. Para algunos llega como una epifanía, mientras que otros lo experimentan como una realización progresiva.

Si no hubieras alcanzado ese punto de despertar, este libro no te habría atraído o bien, habiendo estado a punto de comprarlo lo habrías dejado de lado. Sólo lo habrás vuelto a coger por haber alcanzado ese punto. Esto es porque hasta alcanzarlo seguías necesitando experimentar todo lo que al parecer es distinto del Amor como medio de juntar las unidades kármicas deseadas.

Tus propias experiencias de separación te causaron dolor y las juzgaste como malas, desafortunadas e incluso trágicas. Y habrás sentido dolor en forma de miedo, ira, resentimiento, celos, perjuicio, etcétera. En realidad, no había nada equivocado en esas cosas porque, como sabes ahora, tenían un propósito espiritual. Eso significa que también son Amor manifestándose bajo una infinidad de disfraces distintos e increíblemente eficaces.

Es lo que queremos expresar cuando decimos que *el Amor es todo lo que hay*. Si todo es un medio de llevarnos a un punto en que podemos despertar y luego crecer en el Amor, entonces no hay nada que no sea Amor. Después, el propósito de la vida es volvernos conscientes de ese hecho reconociendo en todo momento que no hay nada más que Amor. El Amor es tener la conciencia plena de la perfección en todas las cosas y saber que somos Uno. Es la *aceptación* de lo que hay, tal como es. El miedo nace de *resistirse* a lo que hay, tal como es.

La gran paradoja para nosotros entonces descansa en el hecho de que SÓLO podemos crecer en el Amor si reconocemos la perfección en todo lo que hemos considerado hasta hoy, en nuestro estado no despierto, como siendo menos que Amor. Es sólo cuando podemos estar abiertos a la idea de que cosas como el miedo, la ira, el orgullo, la crueldad, la violencia, el genocidio, etcétera, tienen todas un propósito divino en el gran plan de las cosas que dice que somos capaces de crecer en el Amor de una forma significativa.

Para lograrlo nos hace falta ayuda. Necesitamos una serie de señales, marcadores y mapas para guiarnos en nuestro viaje desde el viejo al nuevo paradigma. Precisamos herramientas prácticas y concretas para poder vivir nuestra vida como seres humanos despiertos, y al mismo tiempo ser capaces de gestionar todas las cosas a nivel de la realidad cotidiana.

Ése es el estilo de vida que llamo *Vida Radical*. Es el estilo que debemos adoptar si queremos permanecer despiertos y conectados con la perfección de lo que hay en todo momento. Es fácil elegir sentir Amor cuando la vida es realmente dulce y que estamos en paz. No es tan fácil cuando tenemos que lidiar con el tipo de desafíos que la vida continuamente nos lanza incluso estando despiertos. Seguimos necesitando toda la ayuda que podamos conseguir.

En el capítulo 14, exploramos cómo desarrollar un estilo de vida radical, pero parte de lo que significa empezar a vivir así consiste en intentar reflexionar sobre lo que ha ocurrido en tu vida hasta ahora y encontrar la disposición a ver la perfección en todo. Es el primer paso en el proceso de crecer en el Amor y explico cómo lograrlo más adelante en otros capítulos. Se trata de aprender a responder a los acontecimientos desde ese enfoque o, en la fase de tu vida posterior al despertar, de elegir la senda del Amor como la hemos redefinido, no como un rechazo de todo lo que no sea Amor sino como la aceptación de todo, tal como es.

En ninguna otra situación estas lecciones se aprenden mejor que en las relaciones, y por eso gran parte de este libro trata de cómo realizamos esa particular danza como parte del viaje de nuestra alma. Cada alma con la que llegamos a entablar una relación ya sea de algunos minutos o de muchos años estuvo de acuerdo en que nos proporcionaríamos mutuas oportunidades de sentir dolor gracias a variadas formas de separación y luego, al despertar, aprenderíamos a amar de la manera que hemos descrito.

Finalmente, contemplando ese modelo es fácil imaginar que lo que se aplica a seres humanos como tú y como yo se aplica punto por punto a toda la humanidad. Si dibujáramos una línea temporal para toda la raza humana remontando lejos al tiempo en que empezamos a caminar erguidos, dicha línea sería similar a la nuestra.

El capítulo 15 explora con más profundidad esta posibilidad, pero basta decir aquí que durante eones la humanidad ha estado viviendo la ilusión de separación a través de lo que generalmente llamamos civilización. Ésta muestra todas las señales de haber alcanzado el *punto tipping*,[6] y ¡ojalá esta asociación se me hubiera ocurrido antes! en que debería implosionar y registrar un colapso total.

Podría ser el momento en que, como especie habiendo completado nuestra misión anímica de grupo, despertemos y nos demos cuenta de quiénes somos y de por qué estamos aquí. El gran experimento con la energía de separación habría llegado a su término y todo el mundo en el planeta CRECERÍA EN EL AMOR de una forma que dará al título de este libro un nuevo significado. Por eso ¡sigue conectado!

---

6. En inglés coincide con el apellido de Colin, Tipping, y significa entre otras cosas *punto de inflexión*.

PRIMERA PARTE

AMOR Y RELACIONES

1. El amor ES

De los millones de canciones escritas y presentadas, de todos los poemas, los cuentos y las cartas que conforman el legado literario de cada país en el mundo, de una forma u otra, la mayoría trata del amor. Podrías entonces pensar que preguntar *qué es el amor* es una pregunta estúpida. ¡Todos sabemos lo que es! Pero ¿de verdad lo sabemos?

En la «Introducción» he definido el Amor como la disposición a ver y sentir el Amor Divino fluyendo a través de todas las cosas sin importar lo que esté pasando. Es el tipo de Amor con el cual comulgamos sólo cuando hemos despertado y vislumbrado las mentiras que subyacen en nuestra realidad limitada por nuestros cinco sentidos y que hemos entendido quiénes somos, por qué estamos aquí y qué estamos destinados a hacer con nuestras vidas. Volveré sobre este punto más tarde para mostrar cómo podemos crecer en ese tipo de Amor en nuestra vida diaria tras despertar.

Mientras tanto veamos algunas descripciones de los tipos de amor que podemos reconocer e incluso que podemos haber vivido en nuestras relaciones personales. Los antiguos griegos tenían cuatro palabras distintas para definir los diferentes tipos de amor que fluyen entre personas y esas distinciones siguen siendo útiles hoy en día aunque en parte se solapen. Los términos para describir los cuatro tipos de amor eran *ágape, eros, filia* y *storge*.

1. Ágape. El amor *ágape* en el sentido pleno de la palabra se describe como *verdadero amor*, profundo y duradero. Es un amor profundo y atento entre dos personas que sienten la una por la otra un afecto intenso y permanente sean cuales sean las circunstancias. La traducción más próxima de «ágape» es amor incondicional y su fuente es el Amor que mana de Dios, el Espíritu, el Universo, el Todo-Que-es o cualquier otro nombre.[7]

La tendencia ha sido equiparar el amor ágape con el amor incondicional en sentido literal como forma 100 por 100 libre de juicio, expectativas o reservas. Es más, como no se le asocian condiciones, nunca puede ser retirado o comprometido sean cuales sean las circunstancias o aunque cierta persona parezca merecer poco amor. Es ésta una idea del tipo todo o nada. No puedes amar incondicionalmente en un sentido parcial o selectivo.

Mientras esto es cierto por lo que respecta al Amor de Dios, sobre el cual volveré dentro de un rato, los efectos de una interpretación tan literal del amor ágape, al menos aplicada a los seres humanos, han llevado a eliminar esa forma de amor de lo que posiblemente pueda experimentar o demostrar nunca un ser humano, salvo los que se parecen a Jesús o Buda. En nuestro actual estado de conciencia, somos totalmente incapaces de experimentar el amor incondicional entendido de esta forma tan literal. Nuestro amor es siempre condicional, condicionado por que la persona objeto de nuestro afecto siga siendo *amable*. ¿Cuántas personas conoces que podrían decir que aman sinceramente a Hitler, Stalin o el asesino en serie Jeffrey Dahmer? El amor maternal es el más parecido al amor incondicional pero sigue siendo condicional en el fondo. Prefiero usar el término de *amor ágape* en su sentido original de afecto tan profundo por una persona que merece el nombre de *amor verdadero* y visto como tan próximo al amor incondicional como sea humanamente posible. Quizá los budistas sean los que más se acerquen al amor incondicional al traducir Amor por compasión.

---

7. Utilizo el término *Dios* por motivos prácticos.

El Amor como compasión (definición budista). En su forma más elevada la compasión se da, cuando a través de nuestra capacidad de empatizar con los demás, empezamos a fusionarnos con ellos como si no hubiera separación. Nos volvemos uno con la otra persona y sentimos su pena o su alegría como si fueran nuestras. Con igual fervor deseamos para ellos lo que desean.

Cuando somos capaces de estar plenamente con alguien en su sufrimiento haciendo todo lo que está en nuestras manos para aliviar su dolor pero no tan abrumados como para no ver la mano de Dios en ello, esto es compasión. Para poder hacerlo necesitamos el poder espiritual que el Perdón Radical proporciona para sostener la visión de que el Amor Divino está en todas partes y que nadie está olvidado.

2. Eros. Es el tipo de amor caracterizado por la atracción sexual y el deseo. Se trata de un amor romántico en el cual el objeto de ese amor es consumido con pasión, deseo sensual y anhelo de conexión emocional con el otro. Es muy sensible a la belleza de la persona tanto interior como física. En este sentido, no debe ser considerado como sólo regido por la lujuria. Puede llevar a la persona a encontrar la verdad espiritual en el vínculo amoroso que genera Eros y, en último término, a tomar conciencia del Amor de Dios que fluye a través de uno. Cuando esto ocurre, el amor *ágape* y el amor *eros* empiezan a solaparse.

Para ilustrar la unión de estas dos formas de amor, uno ascendente y el otro descendente que acaban unificados en la realidad del amor de Dios, citamos a continuación un extracto de la primera Encíclica del papa Benedicto XVI *Deus caritas est* que en latín significa *Dios es Amor*.

… *eros y ágape —amor ascendente y amor descendente— nunca llegan a separarse completamente. Cuanto más encuentran ambos, aunque en diversa medida, la justa unidad en la única realidad del amor, tanto mejor se realiza la verdadera esencia del amor en general. Si bien el eros inicialmente es sobre todo vehemente, ascendente –fascinación por la gran promesa de felicidad–, al aproximarse la persona al otro se planteará cada vez menos cuestiones sobre sí misma, para buscar cada vez más la felicidad del otro, se preocupará de él, se entregará y deseará «ser para» el otro. Así, el momento del ágape se inserta en el eros inicial; de otro modo, se desvirtúa y pierde también su propia naturaleza. Por otro lado, el hombre tampoco puede vivir exclusivamente del amor oblativo, descendente. No puede dar únicamente y siempre, también debe recibir. Quien quiere dar amor, debe a su vez recibirlo como don.*

Codependencia

Aquí es donde el amor, que puede haber surgido inicialmente de la atracción física, se parece al trato de Fausto con el diablo, negociado y alcanzado según la necesidad recíproca y patológica. Ambos individuos venden su alma para alimentar sus respectivas neurosis.

El narcisista necesita un socio que siempre le coloque en primer lugar y se someta voluntariamente a la felicidad del narcisista. El socio codependiente necesita por su lado alguien a quien poder prodigar atención a fin de sentirse necesario. Claramente, los narcisistas y los *complacientes* son imanes unos para otros y juntos crean una relación codependiente neurótica. La pareja codependiente no dice pero da a entender: *siempre estaré aquí para ti, para cuidarte y hacer todo para asegurar tu placer y tu comodidad mientras me digas cada día que me amas y que no puedes estar sin mí.* Para completar el trato, el narcisista también sin expresarlo dará a entender: *te diré cada día que te amo mientras satisfagas mi necesidad de conseguir lo que inconscientemente percibo como mi derecho.*

Mientras el trato se cumpla, la relación funcionará pero no habrá Amor en ella. A pesar de lo que pueda parecer superficialmente, la relación codependiente tiene como fundamento la disfuncionalidad, la negación y la falta de disposición a sanar las neurosis que son el origen de la dependencia. Si uno de los dos deja de cumplir su parte del trato, lo que parecía amor al principio se convertirá rápidamente en aversión.

Las personas codependientes tienen lo que se suele llamar una personalidad de tipo C, que se caracteriza por la negación de los sentimientos, una baja autoestima y una atención excesiva hacia las necesidades de otros en detrimento de ellas mismas. Son personas complacientes, rescatadoras y cuidadoras en este mundo.[8]

En el libro *The Type C Connection*, los autores Tamoshek y Dryer demuestran cómo las personas con personalidades de tipo C son más susceptibles de contraer cáncer que las que no reprimen sus emociones o que no someten sus propias necesidades por los demás. Los autores citan la investigación de Stephen Greer, que demuestra que ese tipo de comportamiento es uno de los dos indicadores previos al cáncer, el segundo es el factor genético.

Un matrimonio construido sobre la codependencia puede durar años pero habrá poco Amor en él. Contendrá mucha negación porque ambos esposos pondrán buena cara e incluso se autoconvencerán de que su matrimonio funciona. Ese tipo de relación proporciona muchas oportunidades de sentir el dolor de separación.

3. Philia. Es el tipo de amor presente entre miembros de una familia, quizá no en todas, entre amigos íntimos e incluso compañeros de trabajo. Da y pide lealtad y compromiso en una continua y profunda relación que no se rompe fácilmente. A menudo se califica de amor fraternal. Es el tipo de amor que sienten los soldados entre ellos mientras combaten, decididos a sacrificarse e incluso morir por ello. Para muchas personas que han vivido una guerra ese

---

8. Oí un día a alguien dar una definición humorística de una persona codependiente: es alguien que cuando tenga una experiencia cercana a la muerte será la vida del otro la que se proyecte ante sus ojos.

vínculo es el sentimiento de amor más intenso que nunca llegarán a experimentar.[9]

La rotura del vínculo Philia puede causar dolor y sufrimiento a largo plazo. Los enamorados pueden sentir ese tipo de amor, pero la forma más intensa de Philia es la que existe entre los gemelos. Es en esa relación donde vemos que Philia es tanto una conexión entre almas como un vínculo de amor entre dos seres humanos.

4. Storge. Es el tipo de amor o afecto que puede darse de manera natural y automática entre padres e hijos. Puede desarrollarse en una relación caracterizada por un sentimiento de total familiaridad y que, hasta cierto punto, se considere obvio y se otorgue naturalmente cuando haga falta. Es el tipo de amor que refuerza y alimenta los vínculos familiares y los mantiene en funcionamiento pase lo que pase. A menudo, Storge se ve reforzado por rituales familiares como las comidas, las reuniones, rituales religiosos y celebraciones como los cumpleaños, las bodas y los funerales.

El amor al prójimo aceptado como obligación moral es una forma de amor Storge que une a una comunidad y puede extenderse a personas que no conocemos personalmente, pero que quedan incluidas, sobre todo cuando los tiempos son difíciles y las personas tienen que contar con los demás para recibir amor y apoyo. En su expresión más total no es distinto del amor incondicional en el sentido de que puede perdurar a pesar de ser correspondido con malos tratos y rechazo. Lo vemos cuando los padres siguen amando a sus hijos adolescentes a pesar del odio y la rebeldía que algunos jóvenes pueden llegar a expresar hacia ellos.

En un extremo a menudo puede haber muchas expectativas ligadas con ese tipo de amor e incluso exigencias, especialmente en

---

9. Por cierto, amar y gustar no siempre van juntos. Dos soldados pueden caerse mal el uno al otro y, sin embargo, estar dispuestos a morir el uno por el otro.

familias donde las reglas religiosas y culturales refuerzan cierta rigidez. El amor se retira brutalmente si un hijo elige casarse con alguien no aprobado por los padres o si decide cambiar de dogma religioso. Así puede generar mucho dolor y ansiedad cuando las expectativas no son satisfechas.

En el taller de Perdón Radical, cuando tratamos el tema del dolor y el malestar generados por mantener expectativas no realistas, siempre preguntamos: *¿Qué derecho tienes de exigir que tu madre te ame?* La gente nos mira como si nos hubiésemos vuelto locos y dice: *¡Bueno, es la obligación de los padres de amar a sus hijos! Es natural.* Eso es Storge.

No exagero cuando digo que sea cual sea el tema que las personas vienen a trabajar en un taller intensivo, cuando cavamos hondo para encontrar la verdadera herida que subyace en el problema presentado, al menos en el 80 por 100 de los casos, resulta ser: *mi madre o mi padre no me ama lo suficiente o no me ama de la manera que necesito que se exprese.* Otro reproche sobre todo por parte de las mujeres, es: *mi padre no estaba disponible emocionalmente para mí.* Esto demuestra la importancia de Storge en la vida de la mayoría de personas y, como veremos más adelante, puede afectar toda una vida.

Pero ¿acaso puede cualquier forma de amor ser exigida o considerada como obvia?

Si el amor de un padre o una madre no existe ¿se le puede culpar por ello? ¿Y si tu padre o tu madre no tienen la capacidad de amar? O bien ¿y si tienen esa capacidad pero sólo pueden demostrarlo de un modo que no te satisface?

A nivel humano, el amor se otorga de manera selectiva y siempre es condicional. Aunque *quisieras* amar a alguien, no puedes *forzarte* a amar. El amor está o no presente y no se puede hacer mucho al respecto. Puedes hacer todo lo posible para ver lo bueno que hay en las personas, sentir compasión por ellas y ser caritativo aceptándolas tal como son, pero esto no es lo mismo que el Amor. Puedes valorarlas por quienes son y lo que son, pero de nuevo no es exactamente lo mismo que el Amor, salvo que usemos la palabra *amor* al mismo nivel que cuando decimos *me gustan los helados* o *me gusta la buena comida.*

Amor creando separación

Durante la fase previa al despertar, el amor y la separación son las dos caras de la misma moneda. Usamos el amor para crear nuestras lecciones de separación. Cuando *sucumbimos al amor* creamos expectativas y apego hacia la persona amada como medio de volvernos receptivos al dolor de la decepción y la pérdida cuando dichas expectativas no se cumplan y el apego no logre satisfacción.

También usamos el Amor o lo que pensamos que es amor para poseer, dominar y controlar a las personas amadas. Esas limitadas formas de amor se viven como separación y, en este sentido, cumplen su función por el propósito del alma. Por eso es perfecto.

Nos atrae con la promesa de completud y luego crea separación al convertirse en odio, celos, dominación y control, delatándose como la farsa que es. En ese punto *nos EXamoramos*[10] y, entonces, buscamos *ENamorarnos* de otra persona, para descubrir luego que nada ha cambiado.

Eso sigue así hasta alcanzar el punto en que nuestra alma ha experimentado la cantidad de dolor de separación que quería experimentar en esta vida. Sólo entonces logramos la libertad de crecer en un Amor que es real, duradero y auténtico, un amor que representa todo lo mejor del amor Ágape, Eros, Philia y Storge. Sólo entonces podemos conectar de verdad con el Amor que todo el tiempo se encuentra dentro de nosotros. Sólo cuando dejamos de ver separación y reconocemos que cada ser humano es una expresión de lo Divino puede el Amor apro-

---

10. Aproximación al *fall OUT of love* y al *fall IN love* inglés. El «EX» aquí tiene el sentido de salir, caer fuera, extraerse. *(N. de la T.).*

ximarse a la incondicionalidad. En esto radica la suprema meta de crecer en el Amor, sencillamente convertirnos en Amor. Y al convertirnos en Amor, expandimos la conciencia de Dios.

Convertirse en Amor es un estado del ser en el que eres un canal para el Amor Divino que fluye hacia todos sin tener cierta relación. Es amor Ágape en su forma más pura. Es el tipo de amor que no pide nada y lo da todo. Es una estado espiritual de conciencia en el que no amas a nada ni a nadie, sino que sencillamente eres Amor. Es un estado. Jesús no sólo amaba, era Amor. Su Amor no pedía nada a cambio. Cuando una persona es sencillamente Amor, emana amor y basta con estar en su presencia.

Como fuimos creados a imagen y semejanza de Dios y Dios es Amor, esto significa que somos extensiones de Su Amor. Nuestra verdadera naturaleza es Amor y el propósito del viaje de nuestra alma es crecer en Él.

Amarte a ti mismo

No puedo acabar este capítulo sin hablar de la necesidad de extender el amor Ágape a uno mismo. Muchos reconocerán que son capaces de amar fácilmente a otros, pero que tienen muchas dificultades en amarse a sí mismos. En la fase de amnesia espiritual, la autocondena es por supuesto otra manera de sentir una muy dolorosa forma de división dentro de uno mismo. No obstante, el problema es que se queda tan incrustada en nuestra conciencia que, incluso después de haber empezado a despertar, olvidamos soltar la falsa percepción de ser insuficientes.

Aun así, seguimos utilizando una conversación interior destructiva negándonos la compasión, la piedad y las gracias que estamos dispuestos a dar a los demás. Los miramos como seres divinos y nos negamos esa bendición autoflagelándonos por *no estar suficientemente despiertos* o *no ser bastante espirituales* como para reunir los requisitos.

La verdad es que siempre hemos sido, somos y seremos perfectos. Por supuesto, como seres espirituales viviendo una vida humana apareceremos como menos que perfectos, pero desde una perspectiva espiritual, nuestra perfección radica precisamente en nuestra imperfección. Sin nuestra aparente imperfección, el juego de la vida no funcionaría. Vivimos nuestro destino exactamente como acordamos antes de nuestra encarnación, lo que significa que nos merecemos igualmente el Amor de Dios y, por consiguiente, nuestro propio amor, como todos los demás. Somos todos hijos de Dios y la gracia de Dios está en todos y cada uno de nosotros sin importar lo que hagamos ni lo que hayamos hecho.

Dicho esto, soy consciente de la dificultad de amarse a uno mismo en nuestra imperfección. He escuchado a muchos líderes espirituales decir que me amase a mí mismo pero nunca me han dicho cómo hacerlo. Tampoco me dieron ninguna herramienta que me orientara hacia el autoamor y me ayudara a superar mi autoodio. Ésta es la razón por la cual tenemos una sección de autoperdón y autoaceptación en la cuarta parte de este libro.

Pero, de momento, he aquí otra manera de practicar cómo desarrollar amor hacia ti mismo: ama a los demás con todo el entusiasmo que puedas. Se suele decir que no puedes amar a otros si primero no encuentras el Amor hacia ti mismo. No estoy de acuerdo. Cuando te concentras en dar amor a los demás, es imposible no sentirte bien contigo mismo. Dar Amor calienta el corazón, tanto el tuyo como el del ser amado. Cuando amas a los demás, el Amor rebota inmediatamente hacia ti y en la misma proporción. No lo puedes evitar porque, cuando amas a alguien, tu corazón está ya abierto. Dar y recibir son lo mismo.

A la inversa, si piensas que debes amarte antes de poder amar a otros, empiezas el esfuerzo con el corazón cerrado. Y, a medida que te vuelves hacia tu interior para encontrar Amor hacia ti mismo, te encuentras con todos los personajes que viven en tu cabeza y que sienten que es su deber negarte Amor. Tu crítica interior te dirá todo lo que está mal en ti. Tu juez interior te sentenciará una vida de autoodio. Tu sacerdote interior te dirá que no mereces Amor y aún menos el Amor de Dios. Con ellos no se puede.

Por eso, si quieres desarrollar auténtico Amor hacia ti mismo, empieza viendo la perfección en todos los que te rodean y permite que dicha perfección active la luz de tu propia y única perfección. El Amor sólo produce Amor. Siempre que estemos amando a alguien o a algo, estamos amándonos a nosotros mismos y, por extensión, amando a Dios. Si Dios es perfecto y somos *trocitos de materia de Dios*, seguro que somos perfectos.

He intentado sin éxito encontrar el autor de la siguiente alabanza a nuestra singularidad. Quien sea que lo escribiera merece nuestra gratitud.

ERES ESPECIAL. En todo el Universo no hay nadie como tú. Desde el inicio de los tiempos, no ha existido nadie como tú. Nadie tiene tu sonrisa, tus ojos, tu nariz, tu cabello, tus manos, tu voz. Eres una persona especial.

Nadie ve las cosas exactamente como tú las ves. En todos los tiempos no ha existido nadie que ría como tú, que llore como tú. Y lo que te hace reír o llorar nunca suscitará la misma risa o el mismo llanto en otra persona, nunca.

Eres la única persona en la creación de Dios con tu conjunto de habilidades naturales. Siempre habrá alguien que sea mejor en alguna de las cosas en las que eres bueno, pero nadie en el Universo alcanza la calidad de tu combinación de talentos, ideas, habilidades naturales y espirituales.

Como una sala llena de instrumentos musicales, algunos pueden destacar solos, pero ninguno puede compararse con la sinfonía de la Familia de Dios cuando todos tocan juntos porque Dios coloca a cada uno de los músicos en el arreglo adecuado y perfecto.

Por toda la eternidad, ninguno parecerá, hablará, caminará, pensará o actuará exactamente como tú. Eres especial. Eres. Y toda especificidad es muy valiosa. A causa de tu extraordinario y gran valor no necesitas intentar imitar a otros. Acepta y celebra tu diferencia e incluso esas partes de ti que juzgas como insuficientes.

Eres especial. Permanece consciente de que no es casual que seas quien eres. Sigue viendo que Dios te creó como un ser especial con un propósito muy especial. Dios te llamó y te convocó a algo que nadie más puede hacer tan bien como tú. Entre los billones de candidatos, sólo uno se calificó, sólo uno tenía la mejor combinación necesaria. Eso es tan cierto como que cada copo de nieve que cae tiene su diseño perfecto y único. Así en la Familia de Dios, no hay dos personas iguales y, si faltara una, la Familia no sería completa. El plan de Dios sería incompleto.

Pregúntale a Dios cuál es tu plan divino de vida. Permite que éste se despliegue según una secuencia perfecta y en perfecto orden para la mayor gloria de Dios. Eres celebrado por quien eres, tal como eres.

2. El propósito de las relaciones

El propósito de las relaciones es doble. Durante la fase de amnesia espiritual nos relacionamos para proporcionarnos mutuamente lecciones de separación. Tras el despertar, nos unimos para ayudarnos a crecer en el Amor. ¡Así de sencillo!

Primero trataré la idea de que el propósito de las relaciones es proporcionarnos experiencias que expandan nuestra conciencia de separación al tiempo que caminamos en dirección al despertar y a volvernos uno. En segundo lugar trataré cómo, una vez realmente despiertos, el propósito pasa a ser cómo nos apoyamos mutuamente en seguir despiertos, creciendo en el Amor y viviendo de acuerdo con la nueva manera de contemplar el mundo al cual hemos despertado.

Considerando primero las relaciones desde la perspectiva de que nos dan oportunidades de sentir el dolor de separación, el caso es que a menudo se crean desde la Ley del Karma. Ya he mencionado que nuestro propio karma, en forma de energías residuales asociadas con temas no sanados con personas como uno o ambos padres, hermanos, maltratadores, figuras de autoridad, etcétera, nos inducen a atraer en nuestra vida personas que resuenan con dichas energías residuales. Más tarde, quizá, cuando hemos despertado, nos ayudarán a sanar ese dolor. Pero aún no. Primero tenemos que ganar más unidades kármicas.

Al cruzarnos con alguien que resuena con nuestro karma, ya sea karma de una vida anterior o una herida de la infancia en la vida presente, primero nos enamoramos de la persona y empezamos a utilizar la relación para amplificar el dolor original que originó nuestro karma.

31

De esta manera extraemos más unidades kármicas del dolor original que lo alimentó en primer lugar.

Cómo has amplificado tu karma

Quizá sea interesante revisar algunas de tus heridas de la infancia o temas no resueltos y de qué forma has amplificado ese dolor recreándolo muchas veces a lo largo de tu vida de adulto. Tómate el tiempo que necesites para examinar cómo lo has hecho en tus relaciones contestando el pequeño cuestionario que viene a continuación. Primero revisa tus relaciones amorosas desde la primera hasta hoy y luego **contesta sí o no a las preguntas siguientes**:

a) ¿Tus relaciones han durado aproximadamente el mismo tiempo antes de declinar o terminar? **SÍ/NO**

b) ¿Tienes dificultades en mantener una larga relación? **SÍ/NO**

c) ¿Tu pareja es como tu padre o tu madre al menos en algunos aspectos? **SÍ/NO**

d) ¿Tienes tendencia a atraer el mismo tipo de persona en tus relaciones? **SÍ/NO**

e) ¿Tus parejas parecen fantásticas más o menos durante los primeros seis meses y luego se vuelven ofensivas? **SÍ/NO**

f) ¿Siempre acabas lastimado? **SÍ/NO**

g) ¿No consigues atraer una pareja? **SÍ/NO**

Contestar **Sí** a cualquiera de estas preguntas revela que utilizas algún tipo de patrón energético para amplificar el dolor original con el fin de conseguir más unidades kármicas. Veamos cada una en detalle.[11]

---

11. No te preocupes. Dios tiene su propio ordenador para mantener al día el recuento de unidades kármicas. Cuando hayas experimentado separación lo suficiente como para reunir el número de unidades kármicas por las que firmaste, Dios te lo hará saber.

Los resultados:

Si contestaste Sí a (a) y/o a (b) es probable que hayas experimentado un trauma a la misma edad que el tiempo que suelen durar las relaciones. Esto creó en ti la creencia de que *lo bueno sólo dura este tiempo y luego se echa a perder.*

Por ejemplo, supongamos que tu padre se fue de casa cuando tenías cinco años. Hasta entonces todo estaba bien en tu vida. Te sentías amada por él y a salvo con este amor. Cuando se fue, te sentiste destrozada y toda tu vida cambió. Fue doloroso, por supuesto. Pero entonces multiplicaste tu dolor original por digamos un factor 10 adoptando toda una serie de ideas falsas y equivocadas, tales como:

> *Todo lo bueno sólo dura cinco años.*
> *Todos los hombres me dejarán al cabo de cinco años.*
> *No merezco ser feliz en las relaciones más de cinco años.*
> *Si me permito amar, me harán daño. Es mejor cerrar mi corazón y evitar cualquier tipo de relación.*

Estas creencias se convirtieron en profecías que se cumplieron a lo largo de tu vida adulta y pueden haber creado tus circunstancias hasta hoy o lo hicieron hasta que despertaste y decidiste desecharlas. Viviendo tu vida según tales creencias y creando una serie de relaciones que demostraban que tenías razón con tus creencias elevaste tu dolor original a la categoría de sufrimiento de por vida, limitación y soledad. Esto te ha proporcionado un cargamento de unidades kármicas. Amplificando uno o dos acontecimientos similares puedes haber alcanzado la meta antes que si sólo hubieses creado muchos pequeños y dolorosos eventos. Y no lo podrías haber conseguido sin relacionarte con otras personas que jugasen al mismo juego que tú.

Una herida muy común en los niños que a menudo es amplificada es el fallecimiento de un abuelo o abuela. Suele ser su primera experiencia de la muerte y, como el vínculo entre niño y abuelos a menudo es muy fuerte, esta experiencia puede ser traumática y el sentimiento de pérdida profundo. El niño puede no entender por qué el objeto de su afecto y la fuente de su propio sentido de valía de pronto se ha ido. Incluso puede culparse por esa muerte o sentir que podría haber hecho algo para impedirla. Los padres sin darse cuenta agravan la herida protegiendo a los niños de la realidad de la muerte al no permitir que vean al cuerpo del finado o participar en el proceso de duelo. Tratan de ocultarlo y dicen al niño *no llores, el abuelo o la abuela está en el cielo ahora* o proponen otra historia sin sentido, al menos para el niño, y una versión pervertida de la realidad, que estoy seguro el niño rara vez acepta. Al no permitir al niño expresar su dolor en este momento tan crítico, los padres dan a entender que las emociones son malas y no deben ni ser sentidas ni expresadas. El niño, entonces, toma una decisión *es mejor que me cierre a mi capacidad de sentir nada en el futuro.* Esto inscribe al niño en una desconexión de por vida de sus sentimientos y, en el peor de los casos, le priva de la capacidad de amar o de establecer relaciones sólidas por temor a que *el otro* muera o desaparezca.

Si contestaste Sí a (c) y/o por extensión a (d), es casi seguro que tienes temas no resueltos con uno de tus padres. El ejemplo más común es el de una mujer con padre alcohólico que se casa con un hombre que es o se convierte pronto en alcohólico también. Si una mujer tuvo un padre maltratador, es casi seguro que atraerá a un hombre similar. Un hombre cuya madre era débil y dependiente y a la cual juzgaba duramente es muy probable que se case con una mujer que también dependa de él para satisfacer sus necesidades emocionales. Y así sucesivamente. Lo compruebo siempre en mis talleres y por eso sé que es muy habitual.

Si contestaste Sí a (e), esto proviene de desarrollar un tipo de intimidad[12] en la cual la máscara que solemos llevar al principio de la relación empieza a caerse. Lo que se revela entonces en la otra persona es

---

12. En inglés Colin juega con la palabra *intimacy* y la descompone en *into-me-see* para lograr otro sentido interesante: *en mí veo. (N. de la T.).*

cierta oscuridad inestética que había permanecido completamente oculta hasta entonces. Mientras hasta la fecha siempre has considerado a esta persona como, digamos, amorosa y atenta, de repente descubres un rostro cruel y desagradable debajo del barniz que empieza a mostrarse aproximadamente a los seis meses de relación. Y, entonces, echas a correr. Es por eso que tus relaciones suelen durar poco tiempo. Esa dinámica es, de hecho, una oportunidad de sentir la separación dentro de ti porque lo que está haciendo la persona es reflejarte las partes de ti mismo que has negado y reprimido. Volveremos sobre este tema en la cuarta parte cuando veamos cómo dinámicas como ésta nos pueden reconducir a la completud y a un Amor que crece hacia nosotros mismos. No obstante, antes del despertar sólo las usamos como medio de experimentar el dolor de la separación.

Si contestaste Sí a (f), es posible que tengas muy incrustada en tu conciencia la creencia de que mereces que te maltraten o te hieran de alguna forma. Puede estar conectado con cómo te trataron de niño, quizá te sentías en peligro o maltratado de una manera que te hizo sentir que no merecías recibir amor y atención, o de una u otra forma ser tratado con afecto y respeto. Esta situación vale muchas unidades kármicas.

Si contestaste Sí a (g), es porque por la forma en que te trataron en casa cuando eras pequeño desarrollaste la creencia de que no mereces tener una relación ni eres digno de ser amado.[13]

Te mostraré más adelante cómo esos temas se pueden resolver con facilidad y rapidez usando las herramientas del Método Tipping. De momento sólo necesitamos ver esas cosas como el medio perfecto de amplificar el dolor de separación. También necesitamos recordar que el karma original que usamos como amplificador, tal como las heridas de la infancia, también fue creado y elegido por nuestra alma.

---

13. Si deseas una relación el capítulo 16 te proporciona la clave para crear una.

Ahora comprueba si alguno o todos estos factores han aparecido de forma repetitiva en tus relaciones.

Traición
Abandono
Falta grave de respeto
Ser despreciado o ignorado
Mentiras y ocultación de información
Engaños y secretos
Infidelidad
Control y manipulación
Maltrato
Maltrato emocional y mental
Abuso sexual
Rechazo grave
Castigo
Otros

Estos factores reflejan una convicción negativa profunda de que mereces ser tratado de este modo. En algún momento, alguien plantó en tu mente esa idea para que la uses como medio de almacenar más unidades kármicas a través del principio de amplificación. Como en el capítulo 19 te enseñaré a disolver todas esas creencias, anota ahora cuáles han formado parte de tu conciencia hasta el presente o durante la fase de amnesia.

Dolor en el banco

Otra gran fuente de dolor emocional, basado en muchas formas distintas de separación, está disponible en lo que heredamos de nuestra familia y de nuestros ancestros. Se conoce como karma generacional. Mientras hoy en día estamos bastante dispuestos a hablar de nuestros sentimientos, nuestros ancestros eran maestros de la supresión y represión de su dolor y, por lo tanto, lo almacenaban. Pero éste no desapareció. Se trasmitió a la siguiente generación y así sucesivamente.

De alguna manera todos estamos tratando el dolor no resuelto de nuestros ancestros hasta siete generaciones. Los científicos han demostrado recientemente que el dolor emocional realmente se hereda a través de los genes por el epigenoma.

En mis talleres, lo que más se revela son personas representando el dolor de su madre, menos el de su padre o de un abuelo. Por supuesto no se dan cuenta porque han hecho suyo ese dolor, pero para un observador entrenado es evidente.

Además del dolor generacional que proviene de nuestra familia, también arrastramos dolor generacional que deriva de la experiencia colectiva de grandes grupos de personas con los que estamos conectados. A esto se le conoce como karma de grupo.

Un ejemplo son los grupos religiosos perseguidos con los que podrías estar conectado. Una persona gay, incluso en nuestro entorno actual más liberal, cargará con el dolor de los que en el pasado fueron rechazados, vilipendiados y proscritos. Los negros mantienen una gran cantidad de ira que viene de la esclavitud, mientras que los blancos sienten vergüenza por haberla perpetrado. Se trata de karma pesado que mucha gente sigue acarreando y usando para almacenar unidades kármicas.

EJERCICIO

Vale la pena detenerse un momento para considerar algunos de los temas que te causan dolor y angustia, incluso después de haber despertado y determinar si ese dolor te ha sido o no trasmitido. Más importante incluso es que deberías preguntarte si tienes o no derecho a hacer tuyo ese dolor. Si la respuesta es no, devuélvelo y suéltalo. No se lo pases a tus hijos. Haz que esa lucha termine aquí.

1. Tipo de dolor *(culpa, vergüenza, ira, miedo, etcétera)*

2. Cargado por cuenta de *(padres, abuelos, hermanos, etcétera)*

_____

3. Asumido cuando *(edad y/o acontecimiento)* _____

_____

4. Expresado como *(autosabotaje, condena, enfermedad, relaciones, pobreza, soledad, fracaso, etcétera)*

_____

Ahora lee en voz alta: *Me doy cuenta que ese dolor no es mío y que no tengo derecho a él. Lo asumí para ayudar pero al conservarlo he robado a* _____ *el regalo que el dolor trae. Suelto ese dolor ahora y para siempre.*

Como modo de experimentar el dolor de separación, no es extraño que nuestras almas usen el matrimonio y recientemente en nuestra sociedad matrimonios sucesivos, familias reconstituidas, matrimonios del mismo sexo y muchas otras formas de relaciones comprometidas que no son matrimoniales. Son fuente de oportunidades para un alma en busca de tales experiencias. Incluso una relación que nazca partiendo de un auténtico amor romántico empezará a degenerar en juego político sutil y, a veces no tan sutil, en el que uno busca dominar, explotar, controlar y manipular al otro para satisfacer sus propias necesidades.

Y resulta fácil mantener activo el juego de la separación de una bonita forma achacando nuestros problemas de relaciones a una infancia desgraciada, una familia disfuncional, un padre no afectuoso, fallos en la educación, la pobreza, una vivienda en mal estado, la suegra, mal asesoramiento legal, el mercado de valores, perder el empleo, ruina, divorcio, etcétera. Todos hacemos un gran trabajo en este sentido. No es más que otro modo de magnificar el dolor de separación.

Por supuesto es posible que un amor romántico como *eros* sobreviva a esta fase. Lo mismo puede ocurrir con *storge*. Éste puede ser lo bastante fuerte como para soportar la tensión y mantener a la familia unida hasta el momento del despertar y de darse cuenta de cuál es el propósito de la vida. Si el amor sobrevive al tormento, está bien, no obstante es preciso aclarar que ésa no era la meta al principio. Las relaciones están diseñadas por el Espíritu para ser experiencias dolorosas y difíciles, al menos hasta que la necesidad de separación que tu alma quiere haya sido satisfecha. Sólo entonces el Amor puede expandirse en toda la plenitud posible.

Las relaciones sirven a otros propósitos subsidiarios a los dos principales mencionados en el primer párrafo del presente capítulo. Las otras formas en que las relaciones sirven a un propósito son:

1. Sanar viejas heridas

En este capítulo ya hemos mostrado cómo creamos separación utilizando el dolor de viejas heridas para activar creencias negativas profundas y material perteneciente a nuestra sombra. Pero esto tiene otro propósito después del despertar porque nos ayuda a identificar y hacer emerger para su sanación todo nuestro viejo dolor, material oscuro inconsciente y nuestras creencias negativas profundas. Trataremos este tema ampliamente más adelante, pero de momento basta decir que esto no sería posible sin que otras personas nos los reflejen. Necesitamos las relaciones.

2. Ser mutuos ángeles sanadores

Como ya hemos mencionado, necesitamos a los demás en nuestra vida para que se hagan eco de nuestro karma y de nuestra conciencia de víctima. Es así como amplificamos las cosas. Para sentirnos victimizados, necesitamos atraer gente en nuestra vida que nos hará algo *feo*. Así tendremos a alguien a quien condenar y hacia quien sentir resentimiento. Y antes de darnos cuenta estaremos inmersos en una guerra con esa persona o grupo de personas. La relación así creada podrá ser muy corta, durar sólo un momento o años, como hemos observado en este capítulo.

A veces desempeñamos el papel de víctima y otras el de victimario. Es preciso que representemos ambos si no las cosas no funcionan. Superficialmente parecerá que somos enemigos acérrimos y, a menudo, la relación manifestará todos los aspectos correspondientes. Pero la verdad es que somos socios de alma habiendo emprendido algo cuya meta final es el despertar de ambos y nuestra expansión en el Amor, cuando reconocemos que nuestros enemigos son nuestros ángeles sanadores, que nos proveen generosamente de los medios de alcanzar esa meta.

3. El cumplimiento de un acuerdo de almas
De nuevo trataremos esto en profundidad en el capítulo 11, y por esta razón no me extenderé aquí salvo para explicar la idea básica de que previamente a nuestra encarnación hicimos varios contratos o acuerdos de alma con otros, de que harían algunas cosas por nosotros o a nosotros en cierto momento de nuestro viaje vital a fin de proporcionarnos las experiencias que queremos. Obviamente, tales acuerdos no se podrían cumplir sin que la necesaria relación se presente en nuestra vida.

Cuando nos damos cuenta de esta posibilidad y actuamos recíprocamente como ángeles sanadores según acuerdos previos, el propósito de la relación cobra un nuevo sentido. No obstante, esa comprensión sólo aparece tras el despertar.

4. Para equilibrar energías kármicas
Cualquier tipo de energía desea encontrar su punto de equilibrio. Siempre busca el equilibrio y eso también es cierto para la energía humana. Estamos constantemente intentando equilibrar diversas energías que guardamos en nosotros, especialmente las que creamos actuando como víctimas o victimarios en esta vida u otra. Como ya hemos visto, durante la fase de amnesia espiritual en la que nos interesa juntar unidades kármicas, estaremos todo el tiempo encontrando maneras de desalinear y desequilibrar nuestras energías tanto dentro de nosotros mismos como en los demás. A fin de multiplicar ese karma,

atraemos a los que en nuestra vida sintonizan con esas energías y encienden las llamas del conflicto.

Al menos eso parecerá. En realidad el Universo se encuentra en perfecto equilibrio y es a través de las relaciones que nos proporcionamos recíprocamente la oportunidad de equilibrar nuestras energías kármicas. Por ejemplo, si en esta vida o una anterior hemos experimentado ser la víctima de cierto maltrato para ganar unidades kármicas, puede que en esta vida nos convirtamos en el maltratador para alguien.

Ésta parece una formulación negativa pero sólo si la consideras desde la perspectiva humana sin ninguna concesión a la espiritual. Desde el punto de vista psicológico, la persona se encuentra profundamente herida por el maltrato y hace que ello repercuta en otras personas *inocentes* y a continuación se la debería primero detener y luego ayudar. Por supuesto ésa es la verdad en el plano humano. Yo haría todo lo posible para detenerla porque soy humano. Nadie puede justificar el sufrimiento de los demás refiriéndose a una filosofía espiritual. Hacerlo es considerarse Dios.

Pero incluso haciendo todo lo que se deba hacer, podemos estar abiertos a la posibilidad de que existe un propósito divino en alguna parte de ello y que algunas energías se están equilibrando para ambas partes. Cuando somos capaces de verlo, eso se convierte en una oportunidad de crecer en el Amor porque lo vemos como una llamada al Amor. Cuando aportamos Amor a la situación, la sanación ocurre. No así cuando retenemos amor ya sea a nivel individual o colectivo. El equilibrio de las energías y la trasformación de las situaciones producidas por éste sólo pueden darse cuando somos capaces de experimentarlas plenamente y luego abrazarlas amorosamente. Sólo entonces se restaura el equilibrio.

5. Para ayudarnos a cumplir nuestra misión

Me parece que la vida tiene un propósito más que solamente aprehender la Unicidad. Pienso que antes de encarnarnos acordamos hacer ciertas cosas en nuestra existencia para darle sentido real y contribuir de cierta manera en el proceso de *sanación* de la humanidad. Encontrarás más acerca de ello en el capítulo 11. Sin embargo lo que nos interesa aquí es que cumplimos nuestras respectivas misiones a través de las relaciones, sean las que sean.

3. Las relaciones después del despertar

Mientras el propósito de las relaciones durante la fase de amnesia espiritual es facilitarnos el logro de nuestras metas de separación y cumplir con nuestros acuerdos de almas, después ese propósito se modifica drásticamente y se convierte en un asunto de apoyo mutuo para permanecer despiertos y crecer en el Amor.

No resulta tan fácil ni tan directo como suena. Es tentador imaginar que, una vez hemos empezado a recordar quiénes somos y a ver la vida a través del prisma de la perfección espiritual, la vida se vuelve fácil, se llena de alegría inconcebible y de nuestras relaciones de beatitud. Aunque en verdad el potencial de alegría perpetua y de paz esté presente, no se manifiesta automáticamente.

Hemos de practicarlo. Hemos de aprender cómo aceptarlo y mantenernos en él cuando la vida se vuelve realmente desafiante. Para permanecer en la vibración en la que hemos entrado necesitamos herramientas y la ayuda y el apoyo de otros que también están luchando para seguir despiertos y para ofrecernos mutuo apoyo cuando haga falta. Es el sentido de lo que llamamos *vida radical*. Es el estilo de vida que nos apoyará en esa parte de nuestro viaje vital.

Una de las tareas imprescindibles, una vez hemos llegado al final de la fase de amnesia espiritual y empezado el proceso de despertar, es volver atrás y despejar todas las viejas energías acumuladas durante la primera fase. Esto significa soltar muchas historias acerca de las cuales hemos tenido la razón durante años, algunas de las cuales han sido el fundamento de nuestra identidad. Hace falta mucho valor para hacerlo porque genera una gran cuestión existencial: «Si no soy mi historia, ¿quién soy? ¿Cómo me defino a mí mismo si no es por mi historia? Si no soy un superviviente de un abuso sexual, o el hijo de un alcohólico o yo mismo un adicto, ¿entonces quién soy realmente?».

Por ese motivo, aunque considere que el programa Alcohólicos Anónimos fue inspiración divina y ha ayudado a millones de personas, tengo un problema con la idea de presentarse en una reunión para declarar una y otra vez: *mi nombre es* _____ *y soy alcohólico y no tengo poder sobre mi vida.* Eso perpetúa la conciencia de víctima y mantiene a una persona adicta a la historia. Cuando fue creado este programa estoy seguro que era apropiado, pero si sus fundadores siguiesen vivos hoy en día y dada la conciencia de masa que tenemos hoy, defenderían un planteamiento que no mantuviera a la gente adicta a las reuniones y a seguir atrapados en su historia.

Considerando el precio que pagamos para estar despiertos, podríamos imaginar que, de cierta manera, era mucho más fácil para la gente que no despertaba hasta estar en su lecho de muerte.[14]

Es cierto, los que no despertaban hasta el momento de su muerte pueden haber vivido una vida de separación perpetua y de sufrimiento asociado. No obstante hay que decir que no tenían que enfrentarse con la responsabilidad de haber creado sus propios dramas y circunstancias, como nosotros tenemos que hacer más o menos todo el rato. A lo largo de su vida podían seguir achacando su infelicidad a otras personas, por el modo en que fueron criados, por sus padres, por su vida asolada por la pobreza, la guerra, enfermedades, etcétera. Nosotros no podemos. Tenemos que mirarnos a los ojos y decir que lo hemos creado todo. Ellos no tenían que mirar su sombra

---

14. Hasta hace poco ésa era la norma para la mayoría de la gente. Hoy en día el despertar se produce mucho antes.

ni amar las partes detestables de sí mismos que habían sepultado profundamente en su inconsciente. Nosotros sí. Tenemos que reconocer y llegar a amar esas partes de nosotros mismos para llegar a ser de verdad enteros. Tenemos que aceptar que cuando criticamos a otros estamos viendo nuestro reflejo aunque raras veces sea una visión agradable.

Ellos no tenían que examinar y deshacer sus creencias negativas ni siquiera sus prejuicios ni sus actitudes irracionales, mientras que nosotros tenemos que confrontarnos a ellos cada día. Hace falta mucha humildad para hacerlo y no siempre estamos a la altura.

Sí, ése es el precio que tenemos que pagar para que se nos permita ver la verdad. No es una senda fácil y necesitamos mucha ayuda. Por supuesto, tenemos herramientas que nos ayudan a permanecer despiertos, pero también necesitamos a los demás, con relaciones que nos apoyen para seguir despiertos y mantenernos en un alto nivel de vibración incluso cuando las cosas se ponen difíciles. Sin dichas relaciones podríamos volver a dormirnos.

Como hemos estado en la conciencia de víctima durante quince mil años, es facilísimo volver a caer cuando la vida nos depara algo desagradable. Es muy atractivo y conseguimos mucho apoyo del malo para volver allí por parte de mucha gente, los medios de comunicación, etcétera, y no es raro que proceda de nuestra familia y nuestros amigos.

Ten en cuenta también que nuestro despertar es muy tenue y frágil. Tal como nos sigue pasando ahora, no conocemos toda la verdad de la realidad espiritual. Estamos convencidos de que existe una, pero, como aún no la podemos ver ni conocer plenamente como experiencia personal directa, seguimos teniendo que hacer lo que hago en este libro, inventar una historia acerca de ello. Esas historias son el fundamento de todas las religiones y las filosofías espirituales existentes en el mundo.

Es lo máximo que podemos hacer en estos tiempos, pero tengo la sensación de que el velo pronto se levantará y seremos capaces de ver la gran panorámica espiritual en toda su gloria. Sabemos que nuestras historias están lejos de la verdad, pero mientras nos ayuden a mirar en la dirección de la verdad pendiente de ser revelada son suficientes.

Nuestra capacidad de mantener nuestra visión de cómo todo funciona siempre será puesta a prueba por los acontecimientos. Mi propia capacidad de mantener la historia que he descrito hasta ahora en este libro y que conforma las bases del la filosofía del *Perdón Radical* es duramente puesta a prueba cuando veo imágenes de niños famélicos u oigo hablar del tráfico de mujeres para el comercio sexual y otras terribles historias. Cuando se dice que miles de personas murieron en un terremoto o que la gente se mata en contiendas por un territorio o casos por el estilo, tengo que preguntarme: ¿cómo eso puede ser perfecto en manera alguna?

Es entonces cuando busco la ayuda de personas que piensan como yo y me pueden apoyar para mantener la posibilidad de que la mano de Dios está ahí, en alguna parte. Felizmente tengo una esposa que puede hacer esto por mí y yo por ella y así nos apoyamos para permanecer en la vibración de la Vida Radical en lugar de volver a zozobrar en la conciencia de víctima al no poder dar respuesta a la pregunta.

No obstante, esto genera una importante cuestión para mucha gente que ha alcanzado este punto en su vida. ¿Qué ocurre si tu pareja no comparte tu punto de vista y se niega a crecer en el marco de un intercambio amoroso consciente? La respuesta rápida a la primera parte de la pregunta es encontrar amigos que sí lo hacen y pasar tiempo con estas personas capaces y abiertas a dar y recibir apoyo mutuo en mantenerse despiertos y en un alto nivel de vibración.[15]

Es cierto que el desafío se hace mayor si tu pareja no comparte tu visión del mundo, o peor, la rechaza de plano y se burla de ti por tenerla. No puedes hacer mucho al respecto pero debes resistirte a la

---

15. Si deseas montar un grupo de este tipo, llamado Grupo de Poder, pide detalles y explicaciones a info@perdonradical.es. *(N. de la T.)*.

tentación de invertir o ralentizar tu avance para conformarte a la necesidad que tiene tu pareja de que no cambies.

No cabe duda de que cuando modificas tu vibración y todo lo que conlleva, esto representa un gran reto para los que están cerca de ti. A nadie le gusta que cambies porque esto les obliga a preguntarse si deben o no cambiar también. Si no están preparados para ello, se alteran. Esto se aplica no sólo a tu pareja sino también a tus hijos si los tienes y a otros miembros de tu familia. Incluso tus compañeros de trabajo pueden sentirse incómodos.

El único remedio es que hagas una plantilla de *Perdón Radical* siempre que lo necesites acerca de quien se muestre hostil, y a continuación, amarlo y aceptarlo por ser de esta manera. Es la única forma de tratar con ello. Y sólo tiene un efecto positivo. Mientras que intentar convencer a esta persona a través de la argumentación y la persuasión es infructuoso. Entregarse a la situación y luego buscar apoyo en cualquier otra parte, en otros tipos de relación, es la mejor manera de tratar este tema.

La segunda parte de la pregunta es un auténtico desafío si tu pareja no está dispuesta a soltar su compromiso con el punto de vista de que es necesario que uno de los dos domine al otro y relacionarse con el otro sólo desde esta posición. Cabe esperar que tu compromiso por tener una relación más amorosa acabe por crear algunos movimientos en tu pareja en esa dirección. Cuando alcanzamos el punto en que estamos constantemente emitiendo desde la vibración del Amor, las personas a nuestro alrededor lo captan y se sienten atraídas.

Por otro lado, si la relación en sí ya se encuentra fragilizada y se han traspasado ciertos límites además de compartir poco o nada de amor y/o unos valores muy diferentes, esto te puede dar más motivos para pensar en renegociar la relación de una forma radical o de ponerle fin.[16]

---

16. *Véase* capítulo 6.

Si no tienes una relación en este momento y estás procurando crear una nueva que no sea en sentido único, éste sería uno de los importantes requisitos a añadir a tu lista cuando hagas una plantilla de *Manifestación Radical*.[17]

Amar es un verbo

No importa cómo estén las cosas en tu actual relación o la que crees en un futuro, es más que probable que el planteamiento global acerca de las relaciones cambie una vez hayas despertado. En lugar de que tu relación sea una *cosa*, *mi relación*, empezarás a verla como un medio para relacionarte. De hecho, podríamos decir que en cuanto empieces a relacionarte, la relación desaparecerá.

El filósofo y teólogo Martin Buber (1878-1965) habla de una relación Yo-Eso en que uno se relaciona con el otro entendido como objeto, como algo a poseer. Contrasta esa forma de relacionarse con la de Yo-Tú, radicalmente distinta de Yo-Eso.

En una relación Yo-Tú, Yo no convierte a Tú en un Eso sino que se da cuenta de tener una relación con el otro. Relacionarse con una pareja a la manera Yo-Tú es crecer en el Amor a un nivel muy profundo. Cuando, y si sencillamente, uno se convierte en Amor, el Yo y el Tú desaparecen por completo y simplemente amas. Estás tan lleno de Amor que te desbordas. No te queda más remedio que darlo. Tal como dice Karen Taylor-Good en el título de una canción *el amor es un verbo*.[18]

Cuando pasamos del amor al hecho de amar, relacionarse se convierte en responder al instante a las necesidades y los deseos del otro sin limitar su libertad de ser lo que es, sin exigir que sea tal como se

---

17. *Véase* capítulo 16.
18. El autor puede recalcar esa diferencia porque *love* en inglés es a la vez un sustantivo y un verbo. *(N. de la T.).*

suele negociar en el tipo de relación *acordada* en el matrimonio, basada en un control y una dominación tácitos. En lugar de eso, decidimos conscientemente cómo deseamos relacionarnos el uno con el otro, cómo podemos satisfacer las necesidades de nuestra pareja y respetar sus límites. De ello nace un nivel superior de intimidad, confianza mutua y una auténtico compartir.

Por cierto, es posible aplicar ese tipo de amor no sólo a nuestra pareja o esposo/a sino a nuestros hijos, hermanos, padres y otros miembros de nuestra familia, amigos y vecinos e, incluso, gente con la que nos encontramos de paso tal como la cajera del supermercado, por ejemplo.

Hay que decir, sin embargo, que esto no ocurre espontáneamente tan sólo porque estés despierto. De hecho, muy pocas personas consiguen pasar de su modo Yo-Eso de relacionarse tan conocido y habitual para pasar a una orientación Yo-Tú. Cambiar de costumbres requiere dedicación.

De todos modos, pasar a esa nueva conciencia de quién es tu pareja y practicar relacionarte con él o ella de modo Yo-Tú te permitirá expandirte en una relación nueva, más amorosa, no sólo con tu pareja sino igualmente contigo mismo.

De nuevo es algo que tienes que querer y en lo cual debes trabajar. Todo depende de ti, de lo que quieres y de si realmente quieres crecer. Es tu elección y es una elección de cada instante. Encontrarás las herramientas que te ayudarán a crecer en el Amor en este libro, así que tienes todo lo que necesitas. Esas herramientas han sido utilizadas y testadas durante muchos años y han demostrado que funcionan.

Al menos ahora las semillas han sido plantadas. El potencial está aquí a la espera de que la expansión tenga lugar, ya sea con una pareja actual, en el mejor de los casos con alguien que como tú esté haciendo este mismo trabajo, o alguien nuevo que desea relacionarse de esa manera.

En los siguientes capítulos, tendrás la oportunidad de evaluar honestamente el estado de tu relación actual y aprender lo que puedes hacer para crecer en el modo de relación Yo-Tú y cómo negociar dicha relación. Si, por otra parte, parece haber poca esperanza de crecimiento recíproco y ya no estás dispuesto a aceptar una relación desigual, aquí encontrarás información que te ayudará a clarificar lo que quieres y que no estás consiguiendo ahora. Así definirás qué buscar en una nueva relación si la presente termina en el momento oportuno.

4. Tu relación ahora

Como apuntamos en el capítulo anterior acerca de las relaciones, los retos que se nos presentan después del despertar no son muy distintos de cómo eran antes. Sin embargo en lugar de utilizarlos para crear separación como hacíamos antes, ahora utilizamos la relación para crecer en el Amor.

Por cierto, sólo por si te estás preguntando, crecer en el Amor no necesariamente requiere que el amor romántico (Eros) esté presente, lo mismo ocurre en cuanto al amor Storge basado en la familiaridad y el placer de la mutua compañía. Es bonito que ambos estén presentes pero ninguno es un condicionante, porque lo que determina tu expansión en el Amor es la expansión de tu propia capacidad en ver la perfección en la creación divina tal como es aunque no te guste. Eso es el Amor y es lo que necesitamos para crecer en él.

Incluso entre dos personas que no se caen del todo bien es posible crecer en el Amor a través de sus mutuas interacciones. Mientras se relacionen activamente con honestidad, integridad, generosidad, afecto y respeto mutuo crecerán en su capacidad de amor. Si son capaces de relacionarse sin proyectarse, exigir, tener expectativas o haciendo juicios injustos, su forma de relacionarse será del tipo Yo-Tú, que tal como dice Martin Buber es un nivel de relación mucho más alto que el de Yo-Eso, el tipo de relación que la mayoría de personas crean.

Me aventuro a decir que las dos personas que no se gustan pero se relacionan de modo Yo-Tú pueden tener mucho más Amor auténtico en esa relación que la mayoría de personas. Será probablemente bastante aburrida pero ninguno de los dos controla al otro y cada uno puede encontrar entretenimiento fuera de la relación. Por otro lado, puedo imaginar ese tipo de relación entre dos soldados en combate codo a codo, que no se gustan pero tienen un vínculo profundo y significativo. Esa relación será todo menos aburrida.

Menciono este punto sabiendo que muchas personas están leyendo este libro porque tienen una relación que no funciona muy bien. Al mismo tiempo que esperan conseguir algún consejo para hacerla funcionar mejor les preocupa que quizás el Amor no esté realmente presente. Se preguntarán: ¿cómo puedo crecer en el Amor si no hay con qué empezar?

De nuevo es errar la pregunta. Crecer en el Amor significa aumentar tu *capacidad* de amar, eso a su vez significa ser capaz de aceptar a la gente tal como es y las relaciones, sean buenas o malas, ofrecen las oportunidades de aprender cómo realizarlo.

Valorando tu relación

En la sección *Herramientas* de la página web www.perdonradical encontrarás una plantilla que te ayudará a analizar tu actual relación, o una anterior si no tienes ahora, a fin de ver cómo dicha relación te puede ayudar a crecer en el Amor.

No he incluido en el libro ese cuestionario detallado sobre tu relación porque otra persona podría leer este libro y encontrarse con toda esa información personal e íntima.

La plantilla te pedirá que examines cómo te sientes ahora acerca de tu relación y cómo te sentías al principio, y que evalúes cómo tu pareja respondería a la misma pregunta. Luego te pedirá que valores qué fuerza y calidad tiene tu amor ahora tanto en eros, *philia* y *storge* comparado con la primera vez en que te enamoraste de esa persona, y cómo ésta podría responder esta pregunta. En base a esta información se te invitará a escribir una corta descripción de tu relación tal como es ahora y luego a valorar tus niveles de relativa satisfacción/insatisfacción así como los de tu pareja. ¿Qué pensamientos tenías hacia ella cuando os uniste en una relación comprometida y cuáles son ahora en otras aéreas de investigación que encontrarás interesantes y reveladoras? Recordar qué expectativas, juicios, supuestos, exigencias y valores ambos aportasteis a la relación también será ilustrador.

La plantilla te proporciona mucha ayuda para contestar las preguntas. En muchos casos te ofrece alternativas y ejemplos a examinar y marcar si procede, haciendo que la tarea sea más fácil e incluso hasta cierto punto entretenida. No hace falta dedicarle mucho tiempo, sin embargo te dará materia para reflexionar. Recuerda que el objetivo es usar la información de una forma que te ayude a crecer en el Amor. No se trata de condenar a nadie ni de culpar. Esto pertenece al viejo paradigma. Recuerda que no cometemos errores.

Lo ideal sería que tu pareja esté dispuesta a participar contigo en esta encuesta y a dar sus propias respuestas a las preguntas de la plantilla. Si no lo está, deberás hacer tus propias evaluaciones íntimas de cómo crees que respondería.

Si pensáis hacer esta encuesta juntos, buscad un procedimiento que os convenga a ambos, por ejemplo, decidir si la vais a hacer juntos o si cada uno la hará por separado, y determinar la hora en que os juntaréis de nuevo para compartir las respuestas y acordar cómo el diálogo necesita continuar. Pienso que será una experiencia reveladora.

Acuerdos prenupciales

Solemos asociar los acuerdos prenupciales con personas ricas que necesitan negociar cómo repartir su riqueza en caso de divorcio. Pienso que en una relación las personas deberían estar abiertas a hablar con franqueza de los temas de dinero y negociar los detalles de cómo compartirlo, gestionarlo, etcétera, pero no es el tipo de acuerdo prenupcial al que me refiero aquí.

Cuando mi esposa JoAnn y yo decidimos casarnos, un amigo nuestro vino a casa, nos hizo sentar y nos sometió a una lista de preguntas destinadas a revelar todos nuestros supuestos y nuestras expectativas no formuladas y cosas en las que nunca habíamos pensado ni nos habíamos planteado. Sacar todo esto a la superficie y hablarlo fue la cosa más útil que hicimos para nuestro futuro juntos. Nos proporcionó mucha claridad acerca de cómo cada uno veía la relación. Y donde había alguna divergencia de prioridades o un desacuerdo tuvimos que trabajarlo. Esto dio lugar al fundamento de nuestra relación a lo largo de los últimos veintidós años.

No obstante, al mirar hacia atrás, ahora me parece claro que ambos entramos en esa relación habiendo trabajado individualmente lo suficiente como para deducir que nos encontrábamos en la fase de despertar y que hicimos el ejercicio como un medio de evitar usar la relación para crear separación, lo cual ambos ya habíamos hecho en anteriores matrimonios.

En el mejor de los casos, la plantilla te da la oportunidad de realizar la misma encuesta desde la perspectiva de persona despierta. De ahora en adelante, asumir que te interesa expandir tu capacidad de amor usando la relación como vehículo convertirá en muy beneficioso el hecho de responder a todas esas preguntas con tu pareja y usarlas para iniciar una conversación.

Sin embargo, permíteme recordarte que en el caso de que estés *desenamorado*, la meta no es necesariamente volver a enamorarse uno de otro, tampoco es conseguir acuerdos con tu pareja, al menos no en esta fase. Ni siquiera se trata de seguir juntos o no. Al entrar en el proceso, tu grado de expansión en el Amor estará determinado por tu estado de confianza y tu disposición a aceptar y entregarte a lo que sea que emerja del proceso, sabiendo que, sin lugar a dudas, será lo que tiene que ser. No estoy diciendo que es fácil pero es tu mejor oportunidad de hallar paz y de seguir adelante con el Amor que crece.

Es tu mejor oportunidad de salvar la relación si es lo que deseas, o de hallar el uno por el otro un Amor más profundo del que jamás fue posible. Incluso si te encuentras en proceso de separación y no te interesa salvar la relación, ambos os beneficiaréis de hacer la encuesta porque ese autoconocimiento os ayudará a crear respectivamente vuestra próxima relación. El saber es poder y el autoconocimiento es sabiduría.

¿Te has acomodado?

Ésta es otra interesante pregunta que hacerse a uno mismo. No es raro que la gente inicie una relación que parece perfecta al principio mientras ambas partes se comportan óptimamente y llevan máscaras para descubrir al cabo de seis meses que su presunta pareja tiene serios problemas. Es lo que tardan dichos problemas en aparecer porque la intimidad real tarda ese tiempo en desarrollarse. De pronto, la unión empieza a parecerse a un desastre inminente.

En lugar de echarse para atrás y evitar esa trampa, siguen para adelante por unas cuantas razones con la sola esperanza de que todo vaya bien. Entre las muchas razones para hacerlo una es evitar la decepción de la pareja o de su familia (codependencia) al echarse para atrás, no querer decir que no, sentirse estúpido por haber convertido a esa persona en una maravilla, en un alma gemela, etcétera.

La primera razón por la que continúan es porque su necesidad de una relación supera su recelo. En otras palabras, se venden a cambio de una relación sin importar lo mala que pueda ser. Se refugian en la negación, pretenden no notar el problema y se convencen de que todo va bien. Las mujeres en especial se entregan a una clase aun peor de negación diciéndose a sí mismas *Le amo tanto que él cambiará.* Oigo esta frase todo el tiempo.

¿Te has casado con tu padre o tu madre?[19]

Si tenías problemas con tu padre o tu madre es más que probable que atraigas a alguien muy parecido a tu madre/padre en una relación. De nuevo opera la dinámica de multiplicación.

---

19. El varón *con* su madre y la mujer *con* su padre. *(N. de la T.).*

Si existen heridas de la infancia no resueltas y/o temas de perdón con ese padre/madre, alguien similar se sentirá atraído por ti y activará la energía de esa herida. Entonces, exteriorizarás la herida con tu pareja como si fuese ese padre o esa madre. Es prácticamente seguro, por ejemplo, que una chica que se haya criado con un padre alcohólico encuentre como adulta una pareja con esa adicción. La solución es perdonar a papá.

¿Quién controla la relación?

En toda relación, especialmente durante la fase en que crear separación es el propósito principal, uno de los dos controla la relación de forma predominante. Pueden existir áreas o roles para los que el controlador ha cedido el control al otro, pero mayormente la verdad es que uno de los dos dominará.

En nuestra sociedad sigue siendo en mayor medida la pareja masculina por la naturaleza de la energía masculina. La energía femenina es más receptiva, abierta y sensible. Cuando la mujer tienda a dominar quizá sea porque posee bastante energía masculina. Para que la relación funcione razonablemente atraerá una pareja masculina con la misma proporción de energía femenina. Una manera de expresar este arreglo de poder es la afirmación: *Ella es quien lleva los pantalones*.

También podemos decir que la pareja menos inclinada al sexo controla la relación. La persona que más necesidad tiene de sexo tiene que seguir cortejando a su pareja con la esperanza de recibir ese favor, si no ahora mismo, en algún momento del futuro. Aunque sea poderosa de otros modos en la relación, si el sexo es importante para ella, el hecho de rogar, y en el peor de los casos exigir sexo, que el otro quiera o no, le coloca en una posición servil. Para algunas personas esto puede resultar sumamente humillante.

Otra forma en que una pareja puede controlar al otro es a través del dinero. Aún hay hombres que nunca dirán a sus esposas cuánto ganan o cuánto tienen en el banco. Cualquiera de los dos también puede hacer que el otro dependa de él/ella económicamente de diversas maneras haciéndole sentir que no es libre de gastar el dinero como quiere sin pedir permiso o que no puede dejar la relación porque se quedaría en gran desventaja.

Es interesante observar que los dos principales motivos de ruptura de una relación son el dinero y el sexo. En su libro *Anatomía del espíritu*, Carolyne Myss expone que las energías asociadas con el dinero y el sexo suelen situarse en el chakra raíz.

Los chakras son centros energéticos dentro del cuerpo etéreo, un cuerpo energético que vibra una octava por encima de la del cuerpo físico que también es un cuerpo energético pero que vibra en una frecuencia lo bastante baja como para manifestarse en forma física.

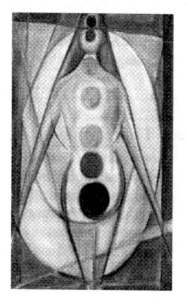

Existen siete chakras en el cuerpo etéreo, cada uno energéticamente conectado con ciertas glándulas y órganos del cuerpo físico. Así, aunque los chakras tengan naturaleza energética, afectan al cuerpo físico.

Según Carolyn Myss, como los temas que tenemos acerca del sexo o del dinero tienden a situarse en el segundo chakra, esas energías son susceptibles de crear síntomas físicos específicos.

Los temas de dinero, por ejemplo, suelen mostrarse con problemas de lumbares. Los temas sexuales se manifiestan no sólo como dolor en la región lumbar sino como problemas en el aparato reproductor. Las mujeres se ven más

Ilustración 2. El sistema de los chakras

afectadas, pero los hombres también se encontrarán *abortando* ideas y creando bloqueos en sus energías creativas.

Desde un punto de vista emocional, la culpa, especialmente la culpa en torno al sexo, se localiza en este segundo chakra. No procesar la emoción a menudo desemboca en exceso de peso en las caderas y el bajo abdomen. Los temas éticos, especialmente los que se refieren a las relaciones, conciernen a este chakra. La fidelidad entraría en esta categoría.

El interés aquí es que tu cuerpo es un buen indicador de lo que ha pasado o pasa contigo emocionalmente. Te indicará a quién tienes que perdonar ahora que has despertado a la verdad y has empezado el proceso de liberar energías mirando atrás en tu vida. Si tienes problemas en la base de la espalda, tendrías que mirar primero tus temas de dinero y luego tu vida sexual. También puede querer decir que tu creatividad está bloqueada de alguna manera en tu relación o quizás en tu trabajo.

Los temas del segundo chakra se muestran en mi relación de la siguiente manera: _____

_____

_____

Ahora mirando al primer chakra, **el chakra raíz**, si tienes problemas físicos desde la zona de las caderas hasta los pies, incluido el bajo colon, la próstata, los genitales y la vejiga, pregúntate en qué te sientes inseguro y amenazado. ¿Quién es o ha sido responsable de hacerte sentir así o de socavar tus fundamentos? Los problemas con las piernas y los pies quizás indiquen un deseo de echar a correr o de no poder avanzar en tu vida. Otro tema que se revela en este chakra es la tendencia a no defenderte cuando te ataca en particular una figura de tipo paternal o alguien con autoridad sobre ti.

Los temas del chakra raíz se muestran en mi relación de la siguiente manera: _____

_____

_____

Los problemas en la zona del chakra número tres, **el chakra del plexo solar**, se manifestarán como dolencias en el estómago, las glándulas suprarrenales, el hígado y la digestión y dolor a media espalda. Si tienes cualquiera de esos síntomas, esto podría indicar que estás lidiando con cuestiones de poder personal, control y autoestima. Por eso, observa si en tus relaciones se presentan luchas de poder y control, no sólo con tu pareja sino con otras personas y, en especial, con tu madre. Mi experiencia es que las madres tienden a ejercer control energético a través de este chakra. Comprueba si tu pareja te ha venido tratando de una forma que mantiene tu autoestima bastante baja. La codependencia también está localizada en este chakra.

Los temas del chakra del plexo solar se muestran en mi relación de la siguiente manera: _____

_____

_____

Las energías localizadas en el **chakra corazón**, o chakra número cuatro, representan temas de amor, odio, celos, resentimiento, perdón o falta de perdón y la pena relacionada con un *corazón roto*. Aparecerán problemas en la parte media y alta de la espalda, de corazón, de pulmón y en la zona de los pechos y del tórax si hay energía atascada en este chakra. Siempre que me encuentro a alguien con cáncer de pecho le pregunto: ¿Quién te rompió el corazón entre los cinco y los siete años previos a la aparición del cáncer? De forma casi instantánea y sin pensárselo las personas en cuestión nombran a alguien y tienen una revelación.

Los temas del chakra de corazón se muestran en mi relación de la siguiente manera: _____

_____

_____

El chakra número cinco es el **chakra de la garganta** y cubre los hombros, la tiroides, el cuello, la boca, los dientes y la garganta. Los problemas relacionados con las dificultades de comunicación y de expresión personal se mostrarán ahí. El hecho de no poder expresarte plenamente producirá síntomas en esta área, especialmente llagas en la garganta y problemas de tiroides. Los secretos también son muy tóxicos y producirán problemas físicos. En este chakra se encuentra la energía de la voluntad y de la capacidad de hacer que las cosas ocurran a través del poder de la palabra. Hombros tensos o dolorosos pueden estar asociados con el hecho de tener excesivas responsabilidades. El poder y el control se ejercen fácilmente sobre la pareja mediante lo que uno dice o no dice, por lo tanto, este chakra es muy importante. El silencio es un arma poderosa.

Los temas del chakra de la garganta se muestran en mi relación de la siguiente manera: _____

_____

_____

El chakra número seis, o del **tercer ojo**, corresponde con la conciencia de uno mismo, la intuición y la conexión con la verdad. La energía de este chakra afecta a los ojos, los oídos, el sistema nervioso, el cerebro y la glándula pineal. Si tu pareja tiende a burlarse de tus habilidades intuitivas y de tu conexión espiritual, esto podría convertirse en un problema.

Los temas del chakra del tercer ojo se muestran en mi relación de la siguiente manera: _____

_____

_____

El chakra número siete, o de la **corona**, se encuentra en la cima de la cabeza y concierne a tus valores vitales, tu fe, tu confianza en la vida, tu conexión con Dios y tu capacidad de percibir la gran panorámica espiritual. Cualquier bloqueo en este chakra se manifiesta en la piel y los músculos.

Los temas del chakra de la corona se muestran en mi relación de la siguiente manera: _____

_____

_____

Resulta muy interesante citar la manera en que Carolyn Myss vincula los chakras con nuestra forma de evolucionar a través de los siglos. Hasta hace muy poco, hemos tenido tendencia a vivir en nuestros tres chakras inferiores puesto que éstos conciernen a todo lo relativo a la familia y a la tribu.[20] El valor principal es la lealtad hacia el grupo y la obediencia al orden social prescrito por ella, siendo los deseos y la voluntad de los individuos algo supeditado a las necesidades del grupo.

Como hemos evolucionado en lo social y espiritual, hemos probado de reubicarnos en el chakra corazón desde esta pregunta: *¿Y yo qué?* Es un espacio arriesgado en el que somos duramente criticados e incluso castigados por el grupo por el hecho de darnos prioridad por encima de las necesidades de dicho grupo. Luego, al desplazarnos hacia el chakra de la garganta, empezamos a expresar nuestra verdad personal y a actuar desde nuestra propia voluntad en lugar de obedecer al grupo. Adquirimos el poder de tomar nuestras propias decisiones y de vivir nuestros propios sueños. A medida que avanzamos hacia el sexto chakra, nos volvemos capaces de conectar con nuestra propia Inteligencia Espiritual y luego, a través del chakra corona, de alcanzar una conexión personal con Dios tal como lo entendemos en lugar del dios definido por nuestra tribu.

---

20. El término «tribu» aquí es sinónimo de grupo de pertenencia (iglesia, sociedad, grupo, grupo familiar extendido, etcétera). *(N. de la T.)*.

La transición desde la lealtad tribal hacia el poder personal es bastante similar al cambio que ya hemos realizado desde el viejo hacia el nuevo paradigma. El primero está comprometido con la mentalidad de masa de una conciencia de víctima reforzada por la tribu, mientras que el segundo se refiere a estar despierto y consciente de uno mismo. Esto es especialmente cierto cuando pasamos al sexto y séptimo chakra. Es cuando empezamos a operar no únicamente desde nuestra inteligencia mental y emocional, desde nuestro chakra de corazón, sino también desde nuestra Inteligencia Espiritual. Cuando operamos desde el chakra de la corona ya empezamos a percibir la gran panorámica y a estar totalmente despiertos.

5. Consideraciones prácticas

Tras este amplio análisis, la pregunta que se plantea es ¿qué hacer con toda la información que acabas de recoger? La respuesta es nada, al menos por ahora. En circunstancias normales utilizarías la información para volver a negociar las condiciones de la relación y resolver los problemas a medida que los vas viendo. Incluso quizá contratarías a un terapeuta para que te ayude a lograrlo.

No obstante, tal como sugerimos en el capítulo 2, una relación basada en el regateo y en un amor *negociado* acabaría volviendo a la forma Yo-Eso de relacionarse, que es cuando uno trata como un objeto al otro y termina dominando o siendo dominado. Esta modalidad era perfecta cuando la meta era crear experiencias de separación, pero no es la manera de hacer crecer una relación una vez hemos despertado. El objetivo es llevarla al nivel Yo-Tú del que habla Martin Bubber. ¿Y eso cómo se hace?

Lo primero es recordar que creaste la relación por un motivo. Como acuerdo entre almas, ya sea previo a la encarnación o durante el curso de tu vida a través de la ley de resonancia, es lo que tú querías. Tú y tu pareja sois literalmente almas gemelas.[21]

---

21. No utilizo aquí la expresión almas gemelas como mucha gente la suele usar como forma de describir una relación especialmente romántica con una conexión divina. TODOS somos almas gemelas unos para otros en cuanto entablamos una relación, independientemente de que ésta dure un momento o veinte años. Toda relación sin importar lo buena o mala que parezca es una transacción entre almas.

Éste es nuestro punto de partida si deseamos llevar nuestra capacidad de amor al siguiente nivel. Es preciso que consideremos que la relación desde el principio hasta ahora, si aún perdura, es perfecta en todos los sentidos. Soy consciente de que puede no parecerlo ahora y quizá desde un punto de vista humano no lo sea, pero ésta es una forma de pensar de tipo del viejo paradigma. Cuando digo que no deberías hacer nada con toda la información recogida, no significa que debes dejar de actuar. Sólo digo que evites hacer lo que la mayoría de personas hacen y lo que muchos terapeutas te recomendarían, salvo si son terapeutas o coaches de Perdón Radical, y que consiste en intentar solucionar la relación.

Tampoco quisiera que tomes ninguna decisión acerca de quedarte o de abandonar la relación, suponiendo que lo estés considerando. Es mejor que esperes a haber realizado algunos ejercicios de expansión en el Amor antes de decidir, si todavía queda esta posibilidad.

La ÚNICA acción que te pediría que realizaras ahora mismo es trabajar una o varias plantillas de Aceptación Radical.[22] Se parece a la plantilla de Perdón Radical pero no se centra en lo que tu pareja puede haber hecho para alterarte sino en verla como realmente es. La plantilla está diseñada para ayudarte a lograr aceptarle como ser divino cuya perfección para ti radica en su imperfección.

Si aparece alguna llamada al perdón por lo que haya podido hacer en particular, deberías trabajar tantas plantillas de Perdón Radical como sea necesario hasta disolver la energía que envuelve cada acto hiriente. Hacer dicha plantilla puede cambiarlo todo sin que tengas que hacer nada más. Es por eso que digo que no deberías realizar ninguna renegociación de la relación hasta haber hecho las plantillas y haber dejado pasar el tiempo para que sus efectos se estabilicen en tu conciencia y en la de tu pareja. Al fin y al cabo, la regla es que sea lo que sea que ocurra ahí fuera es un reflejo de lo que hay ahí dentro. En

---

22. *Véanse* págs. 69 y 70.

otras palabras, lo que muestra tu pareja es una exteriorización de tu propia conciencia. Cuando cambias tu conciencia, la situación ahí fuera no tiene más remedio que cambiar.

Al trabajar con las plantillas estarás pidiendo a tu Inteligencia Espiritual que te ayude a soltar todas las viejas costumbres del viejo paradigma y a empezar a relacionarte con tu pareja desde el nuevo paradigma. No hace falta nada más. Si intentas negociar y volver a definir la pareja, no harás más que estorbar. Estarás volviendo a una relación de tipo viejo paradigma.

Trabajar la plantilla trasformará la energía en ti con bastante rapidez. Sin embargo, el hecho de que tu pareja y tú empecéis a relacionaros de otra manera puede llevar algo de tiempo, por eso debes ser paciente. Hace falta cierto tiempo para pasar de la costumbre de relacionarse tipo Yo-Eso al tipo Yo-Tú. Sólo estate atento y observa los cambios que se van produciendo.

Evidentemente, el cambio será más rápido y profundo si hacéis el trabajo al mismo tiempo pero la relación será puesta a prueba si tu pareja se resiste totalmente a cambiar y, entonces, quizá tengas que tomar una decisión. De todas maneras, el trabajo que tú hayas realizado hasta conseguir aceptarle hará que la decisión sea mucho más fácil de tomar y, si finalmente tiene que haber separación, serás capaz de utilizar incluso esta experiencia para crecer en el Amor. ¿A que es una idea totalmente original?

Esto me lleva a abordar la pregunta más delicada: ¿cómo saber si dejar o mantener la relación? El debate se resume en si se ha conseguido el propósito original y la relación ha llegado a su fin o si mantenerla ofrece todavía buenas oportunidades de crecimiento.

De hecho, a menudo es la crisis de un matrimonio o de una relación íntima lo que nos lleva al punto del despertar. Puede ser ya demasiado tarde y fuera de tus posibilidades. Pero, como este capítulo trata de valorar una relación existente, supondremos que todavía se mantiene la relación aunque no parezca ideal y se te plantea la pregunta de dejarla o continuar.

En los años sesenta, cuando el divorcio se convirtió en un asunto más aceptable, Susan Gettleman y Janet Markowitz escribieron un libro titulado *The Courage to Divorce*[23] que dio *permiso* a la gente para elegir hacerlo si es lo que querían. Esta relajación, por así decirlo, en las reglas del compromiso ha hecho que ahora las personas salgan de un matrimonio en cuanto las cosas se ponen algo difíciles y así pierden la oportunidad de crecer a través del dolor. En lugar de utilizar la relación para cosechar unidades kármicas, y como resultado despertar, evitan el dolor y tienen que encontrar a otra persona con quien terminar el proceso. No es un error puesto que no existen las casualidades ni los errores, pero parece invitar a que salga otro libro titulado *El valor de NO divorciarse* sobre este dilema y que sugiera que las personas al menos se interroguen acerca de la cuestión.

Para ser honesto, planteada así, ésta es una pregunta sin respuesta porque no hay modo de saber lo que el Espíritu nos reservaría en esta relación en el futuro ni lo que vendría después si la dejásemos. Sencillamente no lo sabemos. No obstante, tal como hemos indicado, una de las ventajas de estar despierto y alineado con el nuevo paradigma es que no tenemos por qué saber esas cosas, e intentar hacernos una idea es una pérdida de tiempo. Si confiamos y nos entregamos al proceso y permanecemos atentos a la orientación que nos proporciona nuestra Inteligencia Espiritual, se nos mostrará qué hacer. Y si parece que estamos equivocados, será igualmente perfecto.

Si seguimos en la fase de amnesia espiritual, simplemente recurriríamos al divorcio, si éste fuera lo que toca, como otro medio de sentir más separación. Sería perfecto en particular si precipita el despertar como ya he señalado. Pero ahora que tenemos la conciencia espiritual de que nuestra actual relación es susceptible de darnos la oportunidad de crecer en el Amor de una forma que eleve nuestra conciencia, quizá nos lo pensaremos dos veces antes de dejarla. Las cosas se po-

---

23. «El valor de divorciarse». *(N. de la T.)*.

drían alargar si rompemos y hemos de empezar una nueva. Al fin y al cabo, no conviene iniciar una antes de dejar pasar un año o dos después de dejar la anterior, porque lo más probable es que traslademos vieja energía de la primera a la segunda. Y esto añadiría mucha confusión.

La verdadera respuesta a este dilema es sencilla. No la busques. Ejercítate en la confianza y en la entrega usando las plantillas de Aceptación Radical, Perdón Radical y Autoaceptación Radical.[24] Tu Inteligencia Espiritual se encargará de los detalles. Tienes las herramientas para llevarte a un espacio de paz y, cuando encuentres ese tipo de dulce paz, te aseguro que la claridad acerca de qué hacer después se te revelará.

Recurrir a un terapeuta puede ayudar pero, por favor, evita los que siguen usando el modelo incrustado en el viejo paradigma. Busca uno entrenado en la terapia de Perdón Radical.

Una vez has alcanzado ese espacio de paz gracias a este proceso, has decidido que deseas continuar con la relación y tienes la intención de usarla como un medio de crecer en el Amor, puedes empezar a conversar con tu pareja sobre la manera de llevarlo a cabo.

Será una gran ventaja si tu pareja ha estado haciendo este trabajo como tú, ya sea juntos o por separado, y está listo o lista para dar el siguiente paso de usar la relación para crecer en el Amor. Si has hecho este proceso solo y tu pareja sigue comprometida con el viejo paradigma, será más difícil. A continuación puedes valorar la situación.

❏ Mi pareja tiene aproximadamente el mismo estado de conciencia que yo.
❏ Mi pareja está abierta a mi manera de pensar pero permanece escéptica.

---

24. Las encontrarás en www.perdonradical.es en la sección «Herramientas». *(N. de la T.)*.

❏ Mi pareja tolera mi manera de pensar pero no está abierta a ella.
❏ Mi pareja es crítica, juzga mi manera de pensar y la rechaza de plano.
❏ Mi pareja desprecia mi manera de pensar y se enfada por eso.

Puedes estar tentado de pensar que cuanto más se resista tu pareja a tu forma de pensar, más evidente se vuelve el hecho de abandonarle y encontrar a alguien más alineado con tu conciencia y que ésa sea la mejor solución. Quizá sí o quizá no.

Por supuesto sería agradable tener una pareja que piense como tú, pero no necesariamente te llevaría a crecer en el Amor. Alguien que ridiculice tu forma de pensar o ataque tus creencias ofrece una propuesta mucho más desafiante que alguien que está de acuerdo contigo. Te obligaría a crecer en el Amor para alcanzar un espacio de aceptación total de él o ella, sin importar la virulencia de su ataque o su propio sistema de creencias. El medio de tratar la situación y de sacarle el mejor partido es hacer una plantilla de Aceptación Radical y de seguir trabajando en ti.

En el viejo paradigma, la conciencia de víctima ha quedado apuntalada con muchas estructuras y formas de interactuar unos con otros. Una de ellas es el *ciclo ataque/defensa*. Siempre que nos sentimos atacados, sentimos espontáneamente la necesidad de contraatacar para defendernos. Ese ciclo ataque/defensa se plasma y se enmarca en la actividad bélica. El reto para nosotros en el nuevo paradigma es romper ese ciclo respondiendo a un ataque no con la agresión y la revancha sino con Amor. Si respondemos a la agresión con Amor, la energía del atacante se colapsa. El Amor es la única y auténtica defensa.

Como se menciona en *Un curso de milagros*: *mi fuerza y mi poder radican en mi vulnerabilidad*, esto contrasta con nuestra forma de pensar habitual, pero se basa en el ejemplo dejado por Jesús, quien era Amor. Es con el Amor que Gandhi consiguió poner en jaque y someter la maquinaria del poderoso imperio británico. Martin Luther King respondió a una terrorífica violencia con no violencia y estableció los

Ilustración 3. La plantilla de Aceptación Radical

La plantilla es aún más útil cuando te encuentras con una persona realmente difícil de aceptar tal como es, puede que también entre en juego alguna proyección y, en tal caso, deberías detectar la oportunidad de recuperarla y de agradecer el reflejo. Pero la Aceptación Radical es algo más que juzgar a otra persona, lo cual percibirás como el deseo de que la persona sea diferente de lo que es.

Al recorrer la plantilla, se te recordará que cada uno es tal como Dios le hizo y que es como es porque es quien es. Sin embargo, aceptar a alguien no significa que te guste o amarle. Que te guste o amarle no es un requisito mientras te sea posible percibir a Cristo en él/ella, sabiendo que somos uno.

Ofrecemos, a continuación, una versión reducida de la plantilla de Aceptación Radical.

ACEPTACIÓN RADICAL

Plantilla del método Tipping para ver la divinidad en cualquier ser humano

1. Reconozco que me resulta difícil aceptar a _____ tal como es. El problema que tengo con él/ella es:

2. Los principales sentimientos que estoy experimentando ahora mismo dentro de mí cuando pienso en esa persona son (*sé totalmente honesto y nombra los sentimientos*)

3. Honro mis sentimientos y proclamo mi derecho como ser humano despierto a experimentar emociones y ser responsable de ellas. Las valoro porque me retroalimentan bien acerca de cómo veo a esa persona.
❏ DE ACUERDO   ❏ NO DE ACUERDO

4. Aunque no sea consciente de lo que se trata, estoy abierto a la posibilidad de que esta persona esté en mi vida por una razón y probablemente para proporcionarme una lección o sanación.
❏ DE ACUERDO   ❏ NO DE ACUERDO

5. Reconozco que quizás esté utilizando a esa persona no sólo para crear algo de dolor fresco de separación dentro de mí, sino también para amplificar una o más situaciones similares de separación entre mí mismo y algunas personas relevantes de mi vida. Por ejemplo:

Así, reconozco en esta persona a la que he retirado amor y he juzgado, a un alma gemela con la misión de despertarme a la verdad de quién soy de verdad, de quién es él/ella, y que con los demás son a quienes he retirado amor anteriormente. Todos formamos parte de una esencia divina.
❏ DE ACUERDO   ❏ NO DE ACUERDO

6. Aunque sepa que no hace falta que me guste esta persona como ser humano ni que apruebe su comportamiento, estoy ahora dispuesto a ver la luz en él/ella y saber que su alma es Amor, puro y simple y que, por lo tanto, es perfecta en todos los sentidos.
❏ DE ACUERDO   ❏ NO DE ACUERDO

7. Estoy sintiendo una sensación de Unicidad con esta persona y siento gratitud hacia él/ella por estar en mi vida.
❏ DE ACUERDO   ❏ NO DE ACUERDO

Firma: _____   Fecha: _____

derechos civiles para los negros en Estados Unidos. La madre Teresa consiguió detener la guerra del Líbano durante un día con su amor. Éstos son los auténticos gigantes espirituales de la historia y no los políticos que buscan la guerra para su propia gloria.

Existe una tendencia en la gente que ha alcanzado el punto de plena conciencia a creer que son más *evolucionados* que los que no lo han alcanzado. Oigo a numerosas personas espirituales lamentarse de que su pareja *aún no está en su senda espiritual* y que eso se ha convertido en un problema para ellos. Me temo que me vuelvo bastante irritable sobre este punto.

El hecho, por supuesto, es que todo el mundo se encuentra recorriendo su propia senda espiritual. Nadie queda exento. Cada cual está donde tiene que estar. Quizás ambicionó reunir más unidades kármicas que otros y aún le quedan unas cuantas pendientes antes de despertar. ¿Quién sabe la verdad? No nos corresponde juzgar u opinar acerca de en qué punto del sendero se encuentran.

Por eso el primer paso de expansión en el Amor es reconocer que esté donde esté tu pareja en cuanto a conciencia, él o ella se encuentra exactamente donde debe. Como tú.

También necesitamos contemplar la posibilidad de que las resistencias de nuestra pareja nos están reflejando nuestra propia incapacidad de vivir el nuevo paradigma de una forma tan auténtica como desearíamos. Tus propias dudas pueden estarse reflejando y su comportamiento ser su regalo para ti. En tal caso, cuando contemplas eso como una posibilidad y empiezas a tener una sensación de amorosa gratitud hacia él o ella al volverte consciente de ello, es muy probable que cesen sus ataques porque su propósito se habrá cumplido. Cuando reconoces a tu pareja como a un *ángel de sanación* no sólo le perdonas a él o a ella sino que modificas su frecuencia vibratoria. Así es cómo funciona la cosa.

Cuanto más fuerte sea el vínculo entre los miembros de ese tipo de campo energético, más potentes serán los efectos. Sea cual sea el estado de tu relación en este momento, el vínculo energético entre tú y tu pareja seguramente sigue siendo bastante fuerte.

Si respondes a los ataques de tu pareja no contratacando sino enviándole sólo Amor, no podrá evitar sentirlo y elevarás tu propia vibración al hacerlo. Antes de eso las cosas se equilibraban entre vosotros aunque con bloqueos de energía.

En cuanto eleves tu vibración y crezcas en el Amor, él o ella responderá a fin de restaurar el equilibrio energético. Muy a menudo la persona responde elevando automáticamente su propia vibración y creciendo en el Amor. Entonces, el bloqueo se disuelve y la energía de aceptación, el Amor, empieza a fluir de nuevo.

Evidentemente, todo eso ocurre muy por debajo del nivel de conciencia pero los efectos pueden ser drásticos, obvios e inmediatos o ser sutiles y tardar cierto tiempo en volverse evidentes.

Aquí lo importante es que te evita caer en la trampa de hacer el trabajo de crecer en el Amor con la premeditación de alcanzar ciertos resultados. Esto no sería más que otra forma de manipulación y explotación y no funcionaría. No debes alimentar ninguna expectativa. Tan sólo sigue creciendo en tu capacidad de amar lo que hay tal como es a fin de encontrar la paz dentro de ti mismo.

Nada de lo que se ha dicho hasta ahora te impide dejar la relación si parece ser lo adecuado. Nadie está sugiriendo que permanezcas en una relación abusiva, tóxica o de alguna manera insoportable. Como este trabajo se centra enteramente en la energía que no conoce límites de tiempo y espacio, funciona también a distancia.

Si las condiciones son tales que mantener tu presencia física en la relación representa sencillamente algo insostenible y sientes que debes separarte de tu pareja, ten por seguro que el presente trabajo guarda todo su poder. Tu tarea sigue siendo alcanzar un estado en el que aceptas a tu pareja tal como es y la ves como un alma que ha entrado en tu vida por un motivo y que te ama incondicionalmente.

De nuevo, esto no implica que tengas que tolerar comportamientos inaceptables ni que tengas tus propios límites o desees alcanzar acuerdos prácticos. Para hacer este trabajo sobre cierta persona no hace falta que te guste ni que la ames. Se trata de que seas capaz de ver más allá de su personalidad y reconozcas a la divinidad en él/ella. Esto te evitará caer en el círculo ataque/defensa y, a cambio, alcanzarás la vibración del Amor. Necesitas herramientas para lograrlo y la plantilla de Aceptación Radical te llevará ahí. A continuación, encontrarás una versión resumida del proceso de Emergencia en 4 Pasos para usarlo de inmediato.[25]

1. ¡Vaya qué relación he cocreado con esta persona!
2. Noto mis juicios y mis sentimientos pero me amo de todas maneras.

---

25. Para más detalles sobre esto *véase* el capítulo 11. *(N. de la T.)*.

3. Estoy dispuesto a crecer en el Amor aceptándole tal como es.
4. Elijo la Paz y el Amor.

Puede que tengas que decírtelo varias veces hasta alcanzar un estado en que sientas paz e, incluso, vislumbres una chispa de divinidad en la otra persona. Recomiendo memorizar ese proceso en 4 Pasos para que se dispare automáticamente en tu mente en cuanto entres en la espiral de ponerte a la defensiva.

No puedes crecer en el Amor si sigues aferrado a algún agravio no sanado y enraizado en la relación. Tampoco puedes empezar a renegociar la relación ni siquiera crear un buen final si forma parte del juego y esa energía no se ha dispersado. Por eso, como parte de tu tarea de crecer en el Amor, te insto a trabajar tantas plantillas de Perdón Radical como sea necesario hasta despejar esa energía antes de emprender nada.

EJERCICIO
a) Compromiso de Perdón Radical
Reconozco que mantengo residuos de ira, resentimiento y tristeza hacia mi pareja acerca de cosas que ocurrieron mientras nos encontrábamos en la fase de amnesia espiritual de nuestra relación y que me hicieron sentir victimizado. Como deseo crecer en el Amor, decido hacer una plantilla de Perdón Radical por cada uno de los agravios siguientes a fin de despejar mi campo energético antes de empezar a renegociar mi relación.

1. _____
2. _____
3. _____
4. _____

b) Compromiso de Autoperdón Radical
Reconozco que mantengo residuos de culpa y vergüenza hacia mí mismo a pesar de que los acontecimientos que me hacen sentir así ocurrie-

ron durante la fase de amnesia espiritual, a raíz de ellos conservo cierta culpa y vergüenza.[26] Como quiero crecer en el Amor, decido hacer una plantilla de Autoperdón Radical por cada una de las situaciones siguientes a fin de despejar mi campo de energía antes de empezar a renegociar mi relación.

1. _____

2. _____

3. _____

4. _____

---

26. Colin Tipping explica que la culpa está relacionada con el HACER y la vergüenza con el SER. *(N. de la T.)*.

6. Renegociar una relación

Ya he mencionado anteriormente que resulta infructuoso y es un desperdicio de energía intentar renegociar una relación sin trabajar previamente las energías de dicha relación. Esto no haría más que enzarzar a ambos miembros de una pareja en el círculo ataque/defensa como estrategia para tratar el problema, lo cual no sería nada bueno. También reforzaría la vieja costumbre de aferrarse a expectativas, de exigir, querer controlar y ser codependiente. Evidentemente esto te llevaría de vuelta al viejo paradigma y a la modalidad Yo-Eso de relación.

Es más, sería estúpido, ya que empezar por hacer el trabajo energético disuelve la mayoría de los problemas existentes. En cuanto nos damos cuenta de que los problemas del pasado están ahí para ayudarnos mutuamente a sentirnos separados, entonces, los vemos como lo que son, no cabe discutir más acerca de ellos, y menos aun verlos como problemas. Por lo tanto, llegados a ese punto la renegociación tiene que concernir casi únicamente al futuro, no al pasado.

Reciprocidad

Hasta ahora hemos hablado de ti haciendo el trabajo de crecer en el Amor. No ha habido ningún requerimiento de que tu pareja haga el trabajo para sí misma. A la hora de renegociar la relación, claramente se impone cierta reciprocidad. Como mínimo es preciso que tu pareja esté entregada y comprometida en trabajar la relación junto contigo. Mientras el perdón ha sido realizado sólo por una persona y no necesita reciprocidad, el proceso de renegociar la relación o la reconciliación no funciona sin la participación del otro.

Cabe esperar, como resultado de haberte expandido en el Amor y la forma en que afecta al otro, que la energía de tu pareja esté mejor dispuesta de lo que hubiera estado si no hubieses usado las herramientas y hecho el trabajo. De todas maneras, si no es el caso y el otro no se encuentra alineado contigo espiritualmente y sigue funcionando desde el viejo paradigma, no te preocupes. Al menos quizás esté dispuesto a jugar según las reglas del viejo paradigma porque no conoce otra cosa.

La diferencia es que seguirás esas reglas SÓLO si esto le ayuda, pero al mismo tiempo rechazarás ser de nuevo arrastrado a las viejas energías. En otras palabras, no te dejarás engañar a volver al círculo ataque/defensa sino que devolverás Amor cuando sientas venir un ataque.

Cuando veas que está proyectando en ti no te lo tomarás personalmente y no reaccionarás más que con Amor. De esta manera estarás practicando crecer en el Amor y sentir Aceptación Radical hacia él o ella. Si lo haces, lo más probable es que el otro se reúna contigo en esta manera de pensar aunque sea de forma inconsciente. Dicho esto, seguirá siendo necesario que establezcas reglas para la relación y expongas tus límites.

Aunque ambos alcancéis un estado de aceptación total del otro y no tengáis expectativas ni exigencias, tendréis que entender cómo debe funcionar la relación. Ese nivel de entendimiento no provendrá de la necesidad de dominar y controlar sino de esa modalidad Yo-Tú de amor que sólo pide respeto y afecto mutuos. Así tiene que plantearse el proceso de negociación de ahora en adelante.

Jugar según las reglas

Una muy útil manera de tener una conversación sin que ésta degenere en una confrontación o en un círculo ataque/defensa es la que desarrolló Harville Hendriz, autor de *Getting the Love You Want*,[27] y que consiste en ponerse de acuerdo sobre una serie de reglas específicas. Éstas son:

- Reservar un lapso de tiempo apropiado y sentarse cara a cara para poderse mirar a los ojos. La pareja A empieza diciendo su verdad mientras la pareja B escucha sin intervenir. Después de un rato, pongamos cinco minutos, A hace una pausa y pide a B que refleje lo que acaba de decir.
- B empieza diciendo, «Lo que pienso que has dicho es…» y sigue reflejando lo más exactamente posible lo que cree que el otro ha dicho. No contesta ni expresa nada más que lo que ha oído.
- Si B no acierta en su reflexión, A le dirá: «No, esto no es lo que he dicho. Lo que he dicho es…». B refleja de nuevo lo que A ha dicho hasta que A esté satisfecho por haber sido escuchado y reconocido.
- Seguirán así tanto tiempo como A necesite para terminar lo que quiere decir y, entonces B, preguntará: «¿Has acabado?». Y A dirá «Sí».
- Ahora llega el turno de B mientras A escucha y refleja a su vez. Ese vaivén de comunicación continúa hasta que se haya completado para ambos. Cada uno está atento para asumir su propia forma de ver y sentir la situación y para eso inicia sus frases con una expresión como «Yo siento que…» o «Yo lo veo de tal manera…».
- Nunca se empieza una frase con *tú* «tú me dijiste…». En lugar de esto diríamos, «Mi recuerdo de la conversación es que…».

Este planteamiento te ayudará a permanecer fuera del círculo ataque/defensa, pero para que funcione ambos tienen que jugar según las re-

---

27. «Cómo conseguir el amor que deseas». *(N. de la T.).*

glas. Una vez concluido el intercambio, lo mejor es que cada uno diga sencillamente «Gracias». Y dejarlo estar así un rato antes de ampliarlo a una discusión acerca de lo que se ha compartido. Haz todo lo posible para que no se convierta en argumentación siguiendo de cerca el método de escuchar y reflejar.

Límites

La medida de tu respeto tanto por tu pareja como por ti mismo durante la conversación es informarle de cuáles son tus límites, de lo que es aceptable o no para ti. Esos límites se elevan a la categoría de principio y reflejan tu propio sentido del yo como individuo y cómo deseas que se te trate en la relación. Algunos límites incluso pueden ser elevados a la categoría de condición no negociable en el sentido de que la relación no sobrevivirá si no son respetados o si se traspasan.

No obstante, te corresponde analizar profundamente cuáles son tus fronteras y tus límites en ese momento.[28] Pueden ser muy distintos de cómo eran antes de que pasaras al nuevo paradigma. En esa época quizá deseabas que te trataran sin respeto e incluso te maltrataran con el fin de experimentar dolor. Pero ya no quieres experimentarlo más, por lo tanto cuídate de señalarlo como un nuevo límite.

Tu pareja también deberá dedicar algo de tiempo a hacer una lista de sus propios límites. Una vez completadas vuestras respectivas listas, os sentáis y las examináis una por una utilizando el proceso de escucha y reflejo. Cuando existan conflictos inherentes entre los límites de uno y del otro, tendréis que acordar trabajar un compromiso con el cual ambos podáis vivir. Si no conseguís encontrar un compromiso, entonces, quizá tendréis que dejar la relación.

El límite más significativo para la mayoría de personas es probablemente el tema de la fidelidad. Cuando JoAnn y yo recorrimos nuestro

---

28. *Véase* más adelante temas de discusión sobre límites.

proceso, ambos estuvimos de acuerdo en que nuestra relación sería monógama y que ninguno de los dos cruzaría este límite teniendo relaciones sexuales con terceros. Si uno de los dos hubiera declarado que quería mantener relaciones sexuales con terceros estando en la relación, seguramente habría imposibilitado el acuerdo. Nuestro amigo hizo que habláramos a fondo del tema para asegurarnos que estaba totalmente aclarado. La ventaja para ambos es que podemos estar separados y, sin embargo, sentir el tipo de confianza que sólo proviene de haber establecido ese tipo de claridad.

Al inicio de una relación no es una cuestión fácil de tratar y es aun más difícil ser honesto en relación con ella. ¿Quién tendría el valor suficiente de decir a su novio o su novia: «Te quiero pero quiero ser libre de tener relaciones sexuales con terceras personas»? Al menos puedes ser honesto contigo mismo. ¿Eres del tipo poliamoroso y te resultará difícil resistir la ocasión de dejarte llevar por un poco de placer carnal en paralelo? En tal caso, necesitas reflexionar acerca de ello. ¿Cómo te sentirías si tu pareja hiciera lo mismo? ¿Estás hecho para un matrimonio y una relación seria que no te permite ser de verdad tú mismo? Sería una condición que imposibilitaría el acuerdo.

Resulta que tenemos algunos buenos amigos que se aman profundamente y que son bastante felices apoyándose uno a otro al tiempo que tienen ocasionales relaciones fuera del matrimonio. Son totalmente sinceros entre ellos sobre sus respectivos amoríos y siguen disfrutando de magníficas relaciones sexuales en su matrimonio, que es un éxito, pero esto sólo funciona porque son muy claros entre ellos y se apoyan en ser ellos mismos. Por lo visto, su relación se mantiene muy sólida y no se ve amenazada por la libertad de cada uno por el hecho de tener otras relaciones.

Cuando has tenido una relación con alguien durante un cierto número de años y realizas el proceso de renegociación descrito en este libro, hablar de este tipo de cosas no debería ser difícil. Puedes ser más honesto, abierto y franco porque con toda probabilidad seréis capaces de hablarlo racionalmente basándoos en lo que habéis vivido hasta ahora. Al fin y al cabo, tenéis los recuerdos de un pasado común y os conocéis el uno al otro bastante bien. Uno de los dos o ambos podéis haber sido tentados y haber sucumbido. Comprobad si queda algo de perdón por trabajar. ¿Cómo queréis que sea la relación de ahora en adelante? ¿Qué deseas de tu pareja? ¿A qué estás dispuesto a renunciar para acomodarte a sus necesidades? A continuación, encontrarás algunas preguntas y frases que te pueden servir de temas de discusión a la hora de establecer límites.

Compromiso – ¿Qué significa?
¿Compromiso con qué?
Intimidad – ¿Qué es lo que cada uno necesita?
Sexo – ¿Podemos ser honestos acerca de ello?
Fidelidad – ¿Pensamos igual sobre este tema?
Flirteo – ¿Dónde trazamos la línea que no se debe sobrepasar?
Libertad – ¿Libre de qué? ¿Libre para hacer qué?
Honestidad – Nada de secretos
Franqueza – No ocultar nuestros sentimientos
Igualdad – Ambos somos igualmente importantes
Apoyo – Cuidarse el uno a otro
Temas de dinero – Abiertos y honestos, partes iguales, nada de secretos
Responsabilidades – Comprendidas y asumidas seriamente
Toma de decisiones – Conjuntamente
¿Qué es mío? ¿Qué es tuyo?
Roles – Cumplidos con buena voluntad y alegría
Cuestiones de familia – ¿Quién viene primero?
Hijos – Responsabilidad conjunta
Amigos – Honrar y respetar los de cada uno
Religión – Respeto
Espiritualidad – Respeto
Crecimiento personal – Apoyo
Alcohol

Tabaco

Drogas

A medida que habláis, anotad todo. Cuando hayáis completado todo
y estéis de acuerdo, leed en voz alta cada uno la siguiente afirmación:

*Me comprometo a respetar mis límites y los principios que los funda-
mentan y no me rebajaré. Al mismo tiempo, estoy dispuesto a velar por
que mi pareja exprese sus límites y también los respetaré. Donde parece
haber conflictos hemos llegado a un compromiso con el que ambos estamos de acuerdo. Estamos comprometidos en seguir con esta relación
sobre esta base.*

Firmado: _____ Fecha: _____

7. Romper una relación

Las parejas se rompen por muchas razones y, hoy en día, cuando la gente se casa una y otra vez, una gran proporción de ellas fracasan. Si la ruptura ya ha tenido lugar, entonces poco tengo que decir salvo recomendarte hacer el trabajo del que ya hemos hablado y que lleva a ver la perfección inherente en todo, y a trabajar con el Perdón Radical para comprobar si la energía se despejó, o al menos se está despejando.

Si la ruptura real y definitiva ocurrió hace tiempo y estás ahora listo para crear una nueva relación, en el capítulo 16 te mostraré cómo manifestarla.

Por lo que respecta al presente capítulo daré por sentado que has recorrido el proceso de reconciliación, has procurado renegociar la relación y has llegado a la conclusión de que realmente ésta no tiene futuro. En tal caso, mi propósito es ayudarte a ver el proceso de ruptura como otra oportunidad de crecer en el Amor.

Esto, claro está, parece muy contradictorio, pues solemos ver los divorcios convertirse en una áspera batalla por los niños, los bienes y toda clase de cosas con ambos miembros de la pareja agarrándose del cuello. Estaría bien si todavía estuvieras en la fase previa al despertar intentando reunir unidades kármicas, pero no es lo que quieres ahora.

Si tienes la suerte de tener una pareja dispuesta a trabajar un acuerdo amistoso, ¡por el amor de Dios!, recurre a un buen mediador en lugar de contratar a un abogado, especialmente si hay temas que sobrevivirán al divorcio tales como los derechos de visita de los hijos, los bienes compartidos, etcétera. Los abogados no están interesados en la conciliación. Su enfoque consiste en crear división y su objetivo es que en la pareja uno destruya al otro.[29]

Si tu pareja desea pelea e insiste en recurrir a un abogado entonces no tendrás más opción que hacer lo propio. Pero aquí también puedes utilizar todo este proceso para crecer en el Amor. Veamos cómo.

En el mejor de los casos y si aún no lo has hecho, mucho antes de que el pleito se inicie, empieza a hacer el trabajo de Perdón Radical sobre las personas que consideras responsables de la ruptura para soltar toda condena que puedas tener contra ti mismo, tu pareja y cualquier otra persona involucrada.

Completa tantas plantillas de Perdón Radical como sea necesario hasta que el dolor ceda y también plantillas de Autoperdón Radical si te recriminas algunos aspectos de la ruptura. Utiliza también el CD de los 13 Pasos. Esto tendrá el efecto de mantener alta tu vibración y, al mismo tiempo, de crecer en el Amor.

Asimismo te recomiendo hacer el proceso de las Tres Cartas al menos una vez si existe en ti algo de ira o resentimiento por trabajar.[30] Es un proceso sumamente poderoso y su resultado será para ti estar más en paz acerca de la situación.

Contratar un coach de Vida Radical también será una buena idea si sientes que necesitas apoyo para recorrer el proceso.

Cuando la separación y finalmente el divorcio se pongan en marcha, tu desafío será mantener la vibración de Amor al más alto nivel en el momento en el que todos los demás están rebajando la suya. Esto significa hacer todo lo posible para ver la perfección en cualquier situación y negarse a participar en el juego de ataque/defensa energético que se suele dar normalmente.

---

29. Hay excepciones como los que pertenecen a la Asociación Holística de Abogados y Abogados pacificadores.
30. *Véase* capítulo 24. *(N. de la T.)*.

Distingo aquí entre el tipo de ataque/defensa que se juega a nivel espiritual por razones que sólo tu alma conoce y esos juegos de duros intercambios de pelota que puedas necesitar jugar a nivel humano para conseguir un trato que funcione tanto para ti como para tu pareja. De ninguna manera abogo por una postura pasiva cuando se trata de negociar cómo las cosas se gestionarán entre ambos. Y en lugar de sólo intentar conseguir todo lo que puedas sin contemplaciones, necesitarás a la vez ser duro y estar dispuesto a defender lo que consideras correcto y, al mismo tiempo, mantener todo el rato una vibración alta.

Esto es posible operando al mismo tiempo desde dos lugares de tu mente. Con tu inteligencia racional, mental y emocional, estarás presente a lo que esté pasando y consciente de cómo avanzan las cosas, cuidando de proteger tus intereses. Al mismo tiempo, permanecerás conectado con tu Inteligencia Espiritual que te capacita para observar todo lo que ocurre desde la perspectiva de la gran panorámica espiritual.

Mantener esta conciencia y al mismo tiempo tu propio poder te permitirá seguir en la vibración de Amor pase lo que pase. No es fácil, especialmente si eres nuevo en esto pero lo conseguirás si utilizas las herramientas. Sigue con las plantillas de Aceptación Radical y de Perdón Radical y escucha a menudo el CD de los 13 Pasos de Perdón Radical.

Esto no sólo te mantendrá en la línea de crecimiento en el Amor sino que su repercusión sobre la forma en que se desarrollen las cosas será bastante extraordinaria. Tu pareja se volverá más conciliadora. Su abogado se volverá más razonable y menos inclinado a la confrontación. El juez se volverá más benevolente con los temas. Tu familia y la de tu pareja os apoyarán más. Los problemas que parecían insuperables recibirán tratamiento y parecerán solucionarse solos automáticamente y el acuerdo final será del tipo ganas tú, gano yo para ambas partes.

Este fenómeno ya ha sido explicado por la teoría del campo morfogenético de Sheldrake, en el que la energía de una sola persona puede afectar el campo entero de forma drástica y en especial cuando es Amor. No hay energía más fuerte que el Amor, así sus efectos en el campo morfogenético son muy poderosos.

Podemos mencionar otra teoría de orden más espiritual para explicar cómo las cosas tienden a funcionar y es que las plantillas y demás herramientas son una forma de oración. La llamo oración laica porque no es religiosa. Funciona igual para los ateos que para las personas más piadosas.

Las herramientas nos conectan directamente con nuestra Inteligencia Espiritual, que a su vez está alineada con la Inteligencia Universal o Espíritu, que se ocupa de los detalles y todo empieza a funcionar. Es así de simple.

EJEMPLO

Jane tenía una buena educación, era una profesional exitosa al tiempo que una buena madre antes de ser sentenciada a unos meses de cárcel por una serie de penalizaciones por conducir bajo los efectos del alcohol. Además de perder su casa, su sentencia de divorcio, su coche y su reputación, también perdió la custodia de sus dos hijos que ella adoraba. Se sintió destrozada.

Al salir de prisión, se declaró en bancarrota e ingresó en un programa residencial de desintoxicación pero su exmarido se aseguró de que no recuperase la custodia de los niños. Además de ser un maltratador y un alcohólico empedernido, era abogado y utilizó al máximo sus conocimientos y su afán de venganza para jugar con el sistema legal contra ella.

Se aseguró de que su exmujer sólo pudiera ver a sus hijos cuatro horas por semana y bajo supervisión. Esas visitas estaban supeditadas a que ella le pagase unos mil quinientos dólares por mes para cubrir los gastos de los abogados, los psicólogos, las evaluaciones para la custodia y la supervisión de las visitas a la que ella debía someterse. Su exmarido no pagaba ninguna de estas cosas a pesar de ser muy rico.

Esta situación se prolongó durante año y medio tras salir de la clínica. Cada mes tenía que presentarse en el tribunal con una larga lista de tareas realizadas y de referencias muy positivas y cada mes la sentencia sobre la custodia quedaba igual y sin perspectiva de futuros cambios. Su exmarido cuidaba de que fuera así. Esto le crucificaba de dolor, de humillación y de miedo acerca de su futuro con los niños, que ella adoraba, y no sentía más que odio hacia él.

Llegó a mi taller llena de rabia, frustración y mucha vergüenza. La dejé expresar su ira, su miedo y su vergüenza hasta que se quedó exhausta y luego la guie en el nuevo planteamiento espiritual de toda su situación. Jane llegó a comprender que sus hijos no eran víctimas sino textualmente *ángeles de perdón que siempre están a mi lado*. Pudo ver que había perfección para ellos en la situación y que, en realidad, nunca estuvo realmente separada de ellos en espíritu. Comprendió que, a pesar de las apariencias, nada malo había ocurrido y que ella tampoco había sido una víctima. ¡Su exmarido no le había hecho cosas A ella sino POR ella! Al comprender esto fue capaz de soltar su resentimiento y su resistencia con la situación.

Inmediatamente después hubo una reunión de mediación en la que su exmarido de repente se volvió más cooperativo y sorprendentemente colaboró. Las cosas avanzaron con rapidez y facilidad y todas las barreras para conseguir la custodia de sus hijos parecieron evaporarse. De golpe todos los profesionales ayudaron y apoyaron así como ambas familias y los demás involucrados.

Ella y él empezaron a ejercer de padres de forma cooperativa sin mediación profesional y han continuado haciéndolo así desde entonces. La relación de Jane con su hija prospera de una forma que habría sido imposible si se hubiese aferrado al resentimiento, el miedo y la rabia. Jane es capaz de ayudar de una forma amorosa a sus hijos en su relación con su padre y ejerce el papel de madre conjuntamente con él y su nueva esposa sin restos de viejo resentimiento. Sus problemas con la bebida han desaparecido por completo y a esta hora sigue libre de esta adicción y tiene una buena vida.

Así es como funciona. Al crecer en el Amor utilizando esta técnica, el Universo respondió y todo se puso en orden. Por eso llamo al taller en el que ella participó *el Taller de los milagros*. El resultado parece milagroso pero no lo es. Sencillamente así es como el Universo gestiona las cosas cuando se lo pedimos.

SEGUNDA PARTE

EL DESPERTAR

8. La llamada al despertar

Lo que precipita el despertar es una experiencia que la gente suele describir como su *noche oscura del alma* durante o después de la cual se vuelve evidente que su vida no funciona, a pesar de haber intentado que funcione como les gustaría. Se sienten agotados, superados por sus esfuerzos constantes en hacer que las cosas ocurran a su manera y no pueden más. Se parece a una experiencia de crisis total o de estar completamente quemados y, a menudo, se acompaña de una serie de episodios de llanto y sollozos. La ira también puede estar presente pero la tristeza y el miedo predominan. La opción del suicidio asoma. La sensación es de tirar la toalla. *¿Para qué? ¿Por qué preocuparse? ¿A quién le interesa?*

¿Acaso te ha ocurrido esto alguna vez? La experiencia de crisis puede resultar de un acontecimiento a todas luces catastrófico que actuó como la gota que hace desbordar el vaso. Quizá fuera un divorcio, una bancarrota, una enfermedad o un accidente, algún acontecimiento serio de patrón eruptivo que precipitó una crisis y lo cambió todo.

Algún tiempo después de la crisis ¿ocurrió lo que llamo un acontecimiento *Satori*? Quiero decir algo que te llevó a una apertura de conciencia. Pudo producirla la lectura de un libro como éste o algo que oíste como por casualidad en la radio. Quizá fuiste a una conferencia y oíste algo que encendió una luz en tu mente. Suele ser algo totalmente inesperado y que emerge de la nada. Tal vez no pudieras evitar pensar que no fue casual. Incontables personas me han dicho que mi libro *El Perdón Radical* literalmente se cayó del estante delante de ellas en alguna librería.

Satori es un vocablo japonés que significa *comprensión* o *percepción* y describe bastante bien lo que te estaba ocurriendo. El Espíritu se estaba despertando diciendo: «*Muy bien, has hecho lo que has venido a hacer. Has reunido tantas unidades kármicas como dijiste que querías, ahora puedes despertar y empezar el proceso de crecer en el verdadero amor*».

Evidentemente el Espíritu no da el mensaje de esta manera tan directa o clara. Al principio se trata más de extraños pensamientos colándose en tu conciencia y activados por tu acontecimiento *Satori*, sea el que sea como: *¿Y si las cosas que veo como problemas en realidad ocurren por un motivo? No es casual que esto suceda. ¿Y si esto forma parte de un plan mayor para mí? ¿Acaso lo estoy creando yo mismo?*

Igualmente empiezas a notar la aparición de muchas sincronías que no pueden ser casuales y a sentirte guiado y de alguna manera *cuidado*. Quizá te vengan reminiscencias de vidas pasadas, experimentes numerosas epifanías, ciertos libros parezcan venir a tu encuentro confirmando lo que has intuido o ciertas personas surjan en tu vida de una manera determinada ofreciéndote algo justo cuando lo necesitas.

Todo esto es obra del Espíritu y estás tirando de él con la parte de tu psiquismo conocida como Inteligencia Espiritual. Es la parte de ti que conoce la verdad de quién eres, de por qué estás aquí, de qué lecciones tienes que aprender mientras estás en el mundo. La parte de ti conectada con la Inteligencia Universal y que ayuda a que tu conciencia alcance un nivel más alto y un Amor más expansivo.

A medida que el proceso de despertar se despliega, de golpe todo empieza a tener otro aspecto. Durante años nos hemos convencido a nosotros mismos de que todo lo que nos ocurría provenía de la mala suerte, de la aleatoriedad y de la casualidad y en muchas ocasiones como consecuencia de que la gente y las instituciones, intencionalmente o no, nos hirieron y perjudicaron con el abandono, la estafa, la mentira, los malos tratos, la discriminación, los insultos, etcétera.

Mientras operábamos desde ese tipo de conciencia, en ningún momento se nos ocurrió que podía haber un propósito divino detrás de los acontecimientos de nuestra vida. Nuestra atención se centraba en hacer todo lo posible para evitar las circunstancias que vuelven la vida difícil, incómoda y dolorosa. Y si esto no bastó anestesiamos el dolor con alcohol, drogas, sexo, comida o juegos de ordenador.

A medida que nos vamos dando cuenta de que nuestra vida puede tener sentido más allá de la mera causalidad y de la mala suerte, vemos que nuestros *dramas* forman parte de un plan mayor. De pronto son algo más que la mera consecuencia de habernos casado con la persona equivocada, de formar parte de una familia disfuncional o de haber elegido un mal producto de inversión. Empezamos a darnos cuenta de que todas las experiencias creadas por nosotros tienen un gran papel en el desarrollo de nuestra alma. Y eso nos permite agradecerlos todos.

Estoy seguro que quienes hayan recorrido este proceso de despertar estarán de acuerdo conmigo en que es un período sumamente excitante y estimulante incluso si asusta un poco. Al fin y al cabo, hace falta mucho valor para soltar nuestras historias de víctima y mucha gente se resiste a hacerlo. Algunos incluso se plantan ante esa perspectiva y vuelven a Victimlandia durante un tiempo. La mayoría de sus historias han sido *amigas de toda la vida* y les han servido para crear su identidad. En muchos casos, las han utilizado sobre todo de una forma totalmente inconsciente para controlar a los demás y conseguir lo que querían. Pero, como he mencionado antes, lo que les asusta aún más es que empiezan a preguntarse: *Si no soy mi historia ¿entonces, quién soy?*

Los cambios ocurren

A medida que profundizas en la conciencia de la verdad que se revela a ti, se abre toda una serie de nuevas oportunidades de crecer en el Amor. Empiezas a ver la perfección en todo lo que te ocurrió en el pasado, se vuelve evidente que el Amor siempre estuvo fluyendo por debajo de cada una de aquellas circunstancias que pensabas ser tan malas. Al reconocer que las cosas no te ocurrieron A ti sino POR ti, sentirás una enorme gratitud por ese amor, mejor dicho, por el Amor de Dios.

Cuanto más veas que el Amor siempre estuvo ahí y fluyendo a través de ti, más podrás respirarlo y sentir cómo llena totalmente tu ser. Otros quizá llamen a esa energía la *Fuerza Universal de la Vida*, pero el nombre que elijamos no cambia las cosas, esencialmente se trata del Amor que rige el Universo e insufla vida en todo.

Una breve meditación

Ahora tómate un tiempo para inspirar ese Amor. Mientras respiras profundamente, toma ese Amor dentro de ti. Deja que te llene completamente. Siente cómo se abre tu corazón y se expande tu capacidad de sentir amor. Ahora, mientras exhalas, deja que ese amor fluya desde tu interior hacia alguien que amas y permite que ese amor sea aun más hermoso y puro que nunca. Haz esto durante dos minutos.

Crecimiento en el Amor

Mientras vas dejando que ese Amor te llene hasta arriba, verás con el tiempo y la práctica que llegas a tener esa misma clase de Amor para dar desde dentro de ti. Y contrariamente a lo que sucedía antes, será un Amor puro y auténtico, estará libre de la necesidad de juzgar y controlar porque a partir de ahí siempre estarás viendo la perfección en la gente y serás capaz de aceptarla tal como es. Eso es lo que representa crecer en el Amor. Es un Amor que tiene la libertad de crecer y florecer hasta convertirte en Amor.

Como ya he mencionado, estoy seguro de que no estarías leyendo este libro si al menos no estuvieras iniciando el despertar, viviendo o habiendo experimentado algún tipo de crisis en tu vida. En este momento de tu vida sería interesante hacer una pausa para evaluar qué punto has alcanzado realmente en tu proceso de despertar. ¿Cuánto has crecido en el Amor? Las preguntas del ejercicio que expongo a continuación te ayudarán a valorarlo. Sé honesto. No se trata de estar más o menos avanzado que nadie. Cada cual está donde necesita estar. Todo apego por cierta posición no es más que ego. Recuerda también que si bien la ilustración sobre la línea de tiempo del viaje del alma al principio del libro parece sugerir que el proceso de despertar es lineal, el caso es que la realidad es bastante más compleja. La imagino como un proceso en espiral en el que a ratos estás despierto y otros no.

Te sugiero construir una línea de tiempo para ti en una hoja de papel grande o incluso en una pizarra. Anota todas tus *historias* a lo largo de la línea, las de antes del despertar así como las simultáneas a éste y más allá. Las historias anteriores al despertar duraron más tiempo y venían asociadas a mucho más sufrimiento, mientras que las posteriores al despertar duran poco y las acompaña menos dolor porque se ven renmarcadas rápidamente. Tu línea podría parecerse a ésta:

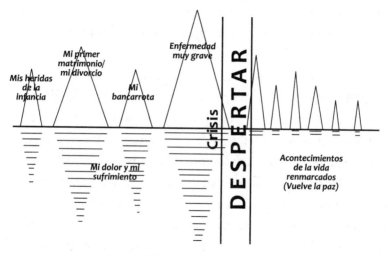

Ilustración 4. Tu línea de tiempo

EJERCICIO

Sería una buena experiencia para ti responder las preguntas siguientes y tomar notas en tu diario:

1. ¿Cuál consideras que ha sido tu llamada al despertar y cuándo ocurrió?
2. ¿Aproximadamente cuándo experimentaste una crisis o una noche oscura del alma que condujo al despertar?

3. ¿Cuáles fueron les circunstancias de la crisis?

4. ¿Qué libro, seminario, taller o experiencia consideras fue el momento decisivo (acontecimiento *Satori*) para ti y cuándo ocurrió?

5. ¿Quién tuvo mucha influencia en llevarte al despertar (maestro, escritor, amigo, etcétera).

6. ¿Cuál fue la naturaleza de tu proceso de despertar?
   - Una epifanía instantánea.
   - Un cambio lento y progresivo en el tiempo.
   - Un cambio drástico y súbito en tu forma de ver el mundo como resultado de un acontecimiento.
   - Una experiencia espiritual única.
   - Un cambio mental que luego pasó a ser de naturaleza espiritual.
   - Otra...

7. Si sientes que tu despertar empezó hace muchos años, por favor, contesta las siguientes preguntas para hacerte una idea de cuánto te cambió. Aunque la vida siga proporcionando circunstancias que te alteran, ¿cuál es la diferencia en tus respuesta a ellas?
   a) ¿Permaneces en Victimlandia mucho menos tiempo que antes? **SÍ/NO.** En caso afirmativo, ¿cuánto menos en porcentaje? ____%
   b) ¿Te alteras emocionalmente menos que antes? **SÍ/NO.** En caso positivo, ¿cuánto menos en porcentaje? ____%
   c) ¿Estás más atento a tus sentimientos en lugar de ahogarlos como antes? **SÍ/NO.** En caso afirmativo, ¿cuánto aceptas sentirlos sean los que sean? 95-100%; 85-95%; 75-85%; 50-75% o más.

8. En general estás:
   a) ¿Creando menos drama que antes? **SÍ/NO.** En caso afirmativo, ¿cuánto menos en porcentaje?
   b) ¿Modificando las prioridades en tu vida? **SÍ/NO.** En caso afirmativo, ¿cómo están cambiando?
   c) ¿Siendo más comprensivo, tolerante, humilde y compasivo que antes? **SÍ/NO.** En caso afirmativo, ¿cuánto más en porcentaje? ____%

d) ¿Siendo capaz de manifestar más lo que deseas en tu vida? **SÍ/ NO.** En caso afirmativo, ¿cuánto más en porcentaje? ____%

9) ¿Eres consciente del propósito de tu vida? **SÍ/NO.** En caso afirmativo, ¿cuál es? ¿Lo estás viviendo? Si no ¿por qué?

Los 13 Pasos para el Despertar Radical

Ahora es un buen momento para volver a experimentar tu despertar y crecer en el Amor escuchando el proceso de los 13 Pasos de Despertar Radical.[31] Como ocurre con todas las herramientas, este proceso empieza suponiendo que aún te ves como una entidad separada y te va guiando hasta sentirte una persona despierta. Aunque te consideres despierto, vuelve a la sensación de separación del principio. Quizá tengas que *fingirlo-hasta-conseguirlo* pero funciona igual. Contesta *sí* a todas las preguntas, estés o no de acuerdo, y dilo en voz alta si las circunstancias lo permiten para que tu cuerpo perciba la resonancia del SÍ.

---

31. Preguntar en info@perdonradical.es. *(N. de la T.).*

9. Emerge un nuevo paradigma

A medida que vas despertando tu conciencia se va llenando con un nuevo paradigma de realidad. Al profundizar en él tomas conciencia de que no sólo estás cambiando un paradigma por otro sino que estás viviendo en dos realidades al mismo tiempo.

Uno de los paradigmas representa la realidad humana y el otro está relacionado con la realidad espiritual. Mientras se vuelve claro que el humano no es tan real como pensabas, te das cuenta de que sin embargo es exactamente lo que viniste a experimentar y por esto empiezas a sentir gratitud.

También comprendes que cada realidad tiene sus propias leyes que se deben respetar y seguir. Como somos seres espirituales teniendo una experiencia humana, debemos reconocer y seguir las leyes humanas o si no, pagar las consecuencias, sin importar que sepamos que las leyes que gobiernan la realidad espiritual son más universales y están más cerca de la verdad verdadera. Como operamos en ambas realidades al mismo tiempo debemos asegurarnos de no confundirlas.

De pronto tu vida parece llena de sentido y propósito. Cuando antes quizá te habrías obsesionado en crear seguridad, dinero y gran cantidad de bienes materiales, tus pensamientos se orientan hacia metas más altruistas y significativas como encontrar formas de estar al servicio de los demás, siendo más motivado en las formas de cuidar el planeta y toda vida en él, etcétera.

La medida en que experimentas el tipo de amor *storge* se va extendiendo rápidamente e incluye a toda la humanidad, toda la fauna, la flora y la Tierra misma. Tu compasión se extiende al conjunto de la creación, y empiezas a sentirte inclinado a utilizar tu vida para marcar una diferencia. De pronto, el dinero, el estatus y la imagen dejan de ser importantes.

Y no es que la vida en sí haya cambiado. Sigue más o menos igual y presentando desafíos. La diferencia está ahora en cómo la enmarcas, contrariamente a la anterior. Despertando continuamente vas renmarcando tu experiencia momento a momento.

Enmarcar y renmarcar[32]

Una pintura sin marco es una cosa. Algo ocurre cuando le pones un marco. La pintura misma se trasforma. Vuelve a cambiar el marco y la cambias de nuevo. El marco crea un contexto para la imagen y juntos forman un todo.

Así ha ocurrido con la historia de tu vida hasta hoy. Tenía un marco particular. No eras consciente de ello, pero siempre has sido, como ya hemos visto, el creador de tu vida, el pintor del cuadro por así decirlo. También fuiste quien lo enmarcó. Con el marco le diste a tu vida un sentido y un cierto contexto para comprenderla. Tu marco es o era tu visión del mundo.

En mis programas online de Perdón Radical,[33] pido a los asistentes que examinen seis afirmaciones y determinen una o dos que más se acercan a su propia visión del mundo. La nota que les atribuyen es un buen indicador de cómo enmarcan su vida, especialmente de cómo sus creencias e ideas espirituales acerca del perdón encuentran su lugar en el marco. También revela si se encuentran en la fase de despertar o no. Las incluyo a continuación para que puedas hacer lo mismo.

---

32. Plantear y replantear. *(N. de la T.)*.
33. Sólo asequibles en inglés por el momento. *(N. de la T.)*.

EJERCICIO

En una escala del uno al cien evalúa las siguientes visiones del mundo dando la nota más alta a la que más se aproxima a tu sistema de creencias espirituales y descendiendo en orden hasta la que más se aleja de la tuya. Al menos dos de ellas recibirán una nota más o menos igual a cero. Realiza el ejercicio dos veces: la primera para la época en que estabas experimentando amnesia espiritual y la segunda para la actualidad como ser humano despierto. Si tu despertar es reciente quizá no compruebes mucha diferencia.

Seis visiones del mundo

1. Tengo una perspectiva de la vida más bien científica/laica/racional. Pienso que los seres humanos forman parte de la espiral de evolución y que, como cualquier otro animal del planeta, nacemos, vivimos y morimos. Es cierto que hay mucho más en esto pero más o menos se puede resumir así. No creo mucho en una deidad (Dios) pero no llegaría tan lejos como para definirme como ateo. No tiendo a pensar que exista una realidad más allá de lo que percibo con mis cinco sentidos. Si la hay, no tengo mucha idea de cómo podría ser y, sin duda, no estoy en contacto con ella y no sabría cómo describirla. Para mí el perdón significa tomar una decisión consciente de olvidar el pasado.

   Pienso que la vida se puede comprender y explicar a través de la ciencia y el razonamiento lógico. La teoría de la evolución tiene sentido para mí y significa que la vida no tiene otro sentido más allá de la idea de que hemos evolucionado desde una especie de sopa primordial, de forma más o menos casual. Mi propósito en la vida es vivirla plenamente, ganar mucho dinero, tener una familia y hacer que sea tan segura como sea posible porque la vida puede ser dura, cruel, caótica y azarosa. Es sólo una serie de acontecimientos aleatorios que ocurren por casualidad y debo responder de la mejor manera que sepa.

   ☐ Antes   ☐ Después

2. Mi espiritualidad y mi visión del mundo provienen directamente de mis creencias religiosas. Tiendo a ver el mundo como una batalla continua entre el bien y el mal. Creo que el mal existe y es mi tarea estar alerta y defenderme contra el peligro constante de que el mal (Satán) entre en mi vida. Dios creó este mundo y también me creó a mí. Mora en los Cielos y permanentemente me mira y me juzga con dureza por haber cometido el pecado original. Cuando muera espero que me juzgue con benevolencia e ir al cielo. Si no me porto bien en la vida iré al infierno. Creo que hay que ser bueno con los demás pero que nosotros no concedemos el perdón. Todo lo que podemos hacer es pedir a Dios (Jesús) que lo haga por nosotros,[34] el perdón es una oración y, en último término, una gracia si la oración es respondida.

Creo que la vida consiste en obedecer las leyes dictaminadas por Dios. No creo que la ciencia tenga las respuestas sobre la vida. Y pienso que la respuesta a todos mis problemas es la oración. Pienso que mi propósito en el planeta es ser bueno, gentil y servir al Señor. La vida es cruel y desagradable y el sufrimiento proviene del pecado, es una especie de castigo y una forma de expiación.

☐ Antes   ☐ Después

3. Estoy en cierta medida abierto a ideas espirituales y las encuentro intelectualmente interesantes, pero no necesariamente me definiría a mí mismo como una persona espiritual. Estoy algo abierto a la idea de que venimos para aprender ciertas lecciones y procuro interpretar la vida de esta manera pero no me resulta fácil en la práctica. Aunque pronto juzgo y veo defectos en los demás, intento alimentar la posibilidad de que la persona con la que estoy enfadado está aquí para enseñarme algo. Sé que no debería intentar anali-

---

34. Y así es en mi libro.

zar en qué consiste la lección pero como persona intelectual me gusta conocer el cómo y el porqué de las cosas. Comprendo a nivel intelectual que esta persona me proporciona una oportunidad de aprender y crecer pero me resulta difícil integrarlo de verdad en mi ser y siempre estoy batallando con esto en la vida real. También capto a nivel intelectual que el perdón auténtico llega cuando uno se da cuenta de que todo ocurre por un motivo, pero en la vida diaria me resulta difícil llevarlo a la práctica.

Mi mente sigue estando orientada hacia lo científico y lo racional. Soy escéptico acerca de las ideas espirituales pero estoy abierto a explorarlas. Mi planteamiento sobre la vida es práctico, laico y muy enraizado en la realidad cotidiana. Es mi deber hacer todo lo posible para que mi vida tenga sentido y sea beneficiosa no sólo para mí sino también para los demás. Soy sensible a los temas de medio ambiente y los temas sociales. Aparte de eso, la vida es una cuestión de recibir educación, ganar un buen dinero, criar una familia y de hacer que sea lo más segura posible porque la vida puede ser dura y no perdona y tan sólo es una serie de acontecimientos al azar que me dan la oportunidad de aprender acerca de mí mismo.

☐ Antes   ☐ Después

4. Veo la vida como un misterio no tanto para ser comprendido y resuelto sino experimentado todo lo posible. Considero que las personas más espirituales son las más humanas. Estoy muy abierto a la idea de que hay más de una realidad. Al menos está la presente realidad material que habitamos físicamente pero también permanezco muy abierto a la idea de que existe otra realidad que no podemos ver, llamada realidad espiritual. No creo que nadie sepa realmente en qué consiste dicha realidad pero, cuando abro plenamente los ojos y conecto con mi interior, percibo suficientes pruebas de que tal realidad existe y me siento cómodo con ello. Tengo mi pro-

pia manera de conectar con esa realidad y de expresar mi espiritualidad[35] y me hace feliz. Para mí el perdón se hace extendiendo compasión hacia la otra persona y viéndole como un ser humano im-
perfecto como yo y los demás.

Creo en los ángeles pero tengo los pies bien plantados en el suelo y todavía me cuesta confiar en la vida. No estoy seguro de en qué
creo pero intuyo que la vida es más que ganar dinero, poseer bienes
y criar una familia.

☐ Antes   ☐ Después

5. Soy un ser espiritual que vive una experiencia humana. Con eso
quiero decir que elegí venir al planeta Tierra para aprender lecciones y evolucionar espiritualmente. Ésta es la escuela y la vida es el
currículo. Las cosas que ocurren en mi existencia son mis lecciones. He venido a la experiencia de la vida con el deseo de entender
totalmente lo que es la unicidad experimentando su opuesto, la
separación. He acordado con otras almas antes de encarnarme que
me harían cosas no tanto *a* mí, aunque parezca así mientras estoy
en un cuerpo, sino *para* mí. También atraigo a otros mientras estoy
aquí para que me den oportunidades de aprender. Parecen mis
enemigos pero los veo como ángeles de sanación. Así es como veo
el perdón, que todo ocurre por un motivo espiritual y que, si bien
seguimos siendo responsables de lo que hacemos en el mundo humano, en términos puramente espirituales nada malo ha ocurrido
nunca.

Soy ahora consciente de estar simultáneamente en dos realidades. De forma predominante sigo viviendo en el mundo de la hu-

---

35. Por ejemplo formando parte de una religión organizada, siendo miembro de
grupos afines, meditando, haciendo retiros, sanación, oración, cantando himnos,
etcétera.

manidad y me siendo muy enraizado con la experiencia de ser un humano, pero, al mismo tiempo, soy muy consciente de mi conexión con el Espíritu y tengo un fuerte sentido del porqué estoy aquí. Estoy cómodo conmigo mismo, y tengo la confianza de que la vida me apoya en general y me da muchas oportunidades de aprender y crecer. Todo lo que ocurrió tenía que ocurrir de la manera que lo hizo para el crecimiento de mi alma. No hay casualidades. Utilizo las herramientas de Perdón Radical para soltar todo lo que no sea Amor y las herramientas de Manifestación Radical para crear la vida que quiero. Practico el estilo de vida *Radical* lo mejor que puedo.

☐ Antes   ☐ Después

6. Estoy muy metido en la metafísica y ahora me veo como una persona muy espiritual. Una de las formas en que veo la vida en este planeta es estar en la rueda del Karma, reencarnarse una y otra vez, vida tras vida, aprender lecciones, equilibrar energías y evolucionar espiritualmente hasta alcanzar la completud. Estoy en contacto con el reino espiritual y recibo orientación de aquel lado del velo. Tengo varios guías espirituales y hablo mucho con los ángeles. Creo que los seres humanos formamos todos parte de la divinidad y el propósito de nuestra vida es asistir a Dios en la expansión de su conciencia y finalmente cocrear el Paraíso Terrenal. En cuanto al perdón, estoy íntimamente seguro de que todo está en orden divino y de que no hay nada que perdonar.

Soy capaz de vivir en ambas realidades al mismo tiempo y estoy enraizado en ambas. Abrazo la vida y sé que mi propósito es vivir mi presente. Estoy abierto a sentir mis sentimientos plenamente cada vez que ocurre algo que me altera y seguidamente vivirlo con rapidez. Sigo utilizando plantillas de Perdón Radical para mantener mi campo energético despejado de cosas que podrían rebajar mi vibración, como el resentimiento, la envidia, la culpa y la vergüenza. Estoy dispuesto a sentirlas pero no a guardarlas. Puedo manifestar lo que quiero cuando lo necesito.

☐ Antes   ☐ Después

Evaluación

Imagino que la visión de la vida número uno puede haber sido la tuya antes del despertar pero desde entonces es posible que hayas avanzado al menos hasta la número tres si tu despertar es reciente. Si pusiste una nota alta en la número dos, supongo que debes estar más bien ahí. Si has trabajado tu vida con elementos como la tecnología de Perdón Radical, *el Trabajo* de Byron Katie, *los Contratos Sagrados* de Carolyn Myss, *el Poder del Ahora* de Eckart Tolle y otros maestros, habrás elegido la número cuatro, cinco o seis.

Factores culturales determinantes

Evidentemente, como tu visión del mundo es la suma total de todas las ideas, posturas, creencias, preferencias, valores y prejuicios que alimentas acerca de la vida en general, debe tener un origen. No sólo la aprendes de tus padres. La visión del mundo con la que creciste está construida con los valores de la sociedad en la que vives, inclusive las instituciones religiosas, aunque personalmente no sigas ninguna continúan ejerciendo una enorme influencia en cómo vemos todos el mundo.

Por los motivos que hemos subrayado, antes del despertar, la conciencia de víctima se encuentra en el núcleo de nuestra visión del mundo. En este paradigma, el mundo dual consiste en víctimas y victimarios, en buena y mala gente, en mi gente y en los demás. Cuando ocurren cosas *malas* se las juzga como malas, equivocadas, desdichadas, desafortunadas, etcétera, y se piensa que es natural sentirse victimizado, insultado, contrariado y perjudicado por alguien que debería haberse comportado mejor. Es justo pedir que la condena sea proporcional y que el castigo se cumpla para todo aquel que traicione nuestra confianza, quiebre las reglas, cometa crímenes, etcétera. Es un paradigma basado en el miedo que produce e incluso apoya el conflicto, la competición, la violencia, la guerra, la discriminación, la criminalidad, la pobreza, la explotación, la crueldad, etcétera, todo lo cual es Amor pero con un pesado disfraz.

Como hemos visto, este viejo paradigma proporciona incontables oportunidades de sentir separación. El problema surge después de despertar cuando intentas abandonar esa vieja manera de ver las cosas y empiezas a vivir al estilo Vida Radical. No eres el único en ir tropezando con este paradigma. La sociedad en general lo percibe al menos en parte como una pertenencia y, si intentas cambiarlo de una forma significativa, te encontrarás con problemas. Los demás te odiarán por cambiarlo porque ese cambio representará una amenaza para su sistema de valores y su visión del mundo.

Con respecto a eso, la mejor anécdota que tengo como ejemplo de esta dinámica concierne a una mujer llamada Patsy que atendió mi primer taller en Melbourne, Australia, en el año 2000, el primero en dicho país. La historia de víctima con la que llegó aquel viernes por la tarde era que unos años antes su hija de doce años había sido raptada cuando se hallaba en su dormitorio en el piso superior alrededor de la dos de la madrugada y nunca más se supo nada de ella. Además unas semanas antes del taller, su hijo había muerto a manos de un tirador furtivo. Como puedes imaginarte su estado era de total desesperación cuando llegó el viernes, pero milagrosamente el domingo se encontraba en paz acerca de ambos acontecimientos y fue capaz de decir con impecable honestidad: *Estoy en paz ahora y sé desde el fondo de mi ser que lo que le ocurrió a mi hija fue lo que su alma quería y, más aún, lo que mi alma y el alma de mi esposo eligieron vivir en esta vida. Y lo mismo en lo que se refiere a mi hijo. Todo es perfecto.*

Honestamente cuando contó su historia el viernes, me sentí incapaz de afirmar la perfección para ella. Estaba decidido a quemar el libro y devolver el dinero a los participantes pero eligieron proseguir. Así que les dije que mejor que fueran conscientes de que no tenían líder. Cuando llegó el resultado para Patsy el domingo, después de haber recorrido el proceso de Perdón Radical, tanto los demás como yo estábamos maravillados. Lo que esto me enseñó es que el proceso en sí es tan poderoso que funcionó igualmente, a pesar de las dudas, las mías y las de los demás.

Volviendo al motivo de contarte esta historia es que, poco tiempo después, la policía reabrió el caso. Patsy de nuevo fue entrevistada por la prensa y ella contó cómo se sentía. La prensa la describió como vil y mala madre sin sentimientos. Apareció en los periódicos durante días. La policía también la trato de la misma forma. Incluso su propia familia la repudió. A pesar del trato recibido, se mantuvo firme y nunca más volvió a la conciencia de víctima, lo cual teniendo en cuenta cómo fue tratada públicamente resulta bastante extraordinario. Sin embargo, Victimlandia es muy seductora y la tentación de volver a ella es grande.

EJERCICIO

En tu diario, describe tu propia visión del mundo tal como la tenías antes del despertar y luego después del despertar.

10. Dibujando la realidad espiritual

Algunas personas captan mejor los conceptos y las ideas si van incluidas en una historia. Por eso permíteme ofrecerte una que puede ilustrar el nuevo paradigma mejor que cualquier explicación racional. En 2003, escribí un libro titulado *Una Encarnación Radical*. Era la historia de un alma llamada Jack que estaba siendo preparada para su encarnación.

Lo que sigue es la narración por Jack de la fase inicial de su preparación y la conversación entre él y Harley, su ángel de encarnación. Seguramente verás que responde a muchas preguntas que te planteas actualmente acerca de la naturaleza de la realidad espiritual, de cómo la experimentamos a nivel humano y cómo puede ser renmarcada.

Mi solicitud para encarnarme fue aceptada. Tenía que atender la próxima reunión de Orientación para la Encarnación a fin de recibir mis instrucciones. ¡Por fin iba a tener la oportunidad de ser humano, algo que había estado esperando durante eones! Ahora parecía que todos mis estudios espirituales y mi duro trabajo iban a dar fruto.

Para mi sorpresa descubrí que por cada alma que se iba a encarnar siete se quedarían de este lado. Por eso no me sorprendió ver tantas almas en la sala. El ambiente estaba saturado de expectación. La sala era circular y los asientos estaban dispuestos de tal forma que todos podían enfocar su AMOR hacia los seres en la plataforma circular de luz situada en el centro. Había ángeles en toda la periferia de la sala cantando suavemente en adoración y oración.

En cierto momento uno de los seres empezó a pasar lista formando grupos de ocho almas. De repente nos encontramos en grupos de ocho y, con gran sorpresa por mi parte, comprobé que por lo visto teníamos que votar para designar qué alma de entre las ocho iba a encarnarse. El resultado fue que me seleccionaron a mí.

Una vez decidido, la siguiente tarea era reunirnos con nuestro ángel de encarnación para hablar de nuestras misiones. Insisto sobre el plural porque un edicto reciente procedente de arriba indicaba que las almas tenían que asumir muchas más cosas en su encarnación que las que se habían encarnado antes. La razón, como nos explicaron, era que la conciencia del planeta había cambiado drásticamente como consecuencia de la Convergencia armónica.

Por lo visto ese acontecimiento histórico había ocurrido en el año 1987 y marcó un punto de inflexión en la evolución de la conciencia humana. El resultado había sido una aceleración en el desarrollo de la conciencia humana acerca de la VERDAD. Por lo tanto, con la evolución acelerada, las almas por encarnarse son ahora capaz de asumir muchas más misiones en su vida que nunca.

Nuestro ángel de encarnación se llamaba Harley y era un alma muy vieja con gran sabiduría y capacidad de AMOR. Era un ángel muy venerable y me sentí muy orgulloso de que fuera él quien me iba a preparar para mi encarnación.

—Desde aquí arriba parecerá fácil —nos dijo—. Pero en cuanto lleguéis abajo, donde la energía es muy pesada y densa, todo será diferente. Os sentiréis muy pesados y a ratos tendréis la sensación de nadar en melaza. La vida parecerá una fuerte lucha.

»Aquí, en este mundo, vuestra alma no tiene límites pero, cuando entre en el mundo de la humanidad como patrón de energía vibrando en la frecuencia de la materialidad potencial, se verá acotada por el continuum espacio-tiempo. Cuando atraveséis el portal, vuestra alma tendrá que comprimirse en una versión más estrecha de alma humana junto con varias características diferentes. Algunas irán cambiando a lo largo de su vida humana, otras permanecerán bastante constantes.

»Una vez establecidos, estos factores darán forma a la huella básica de vuestra vida. Pero no creáis que todo está establecido por adelantado y que la vida es sólo un asunto de fatalidad. O que desde aquí arriba estamos controlando o microgestionando lo que hacéis allí.

»¡No! Se os da total y libre albedrío para crear la vida que sentís que corresponde a cada momento. Continuamente haréis referencia a vuestra huella y actuaréis desde ella, pero la forma exacta en que lo haréis es cosa vuestra. Muy en el fondo conoceréis vuestro propósito por estar en un cuerpo humano. La forma exacta en que elegiréis expresarlo o no expresarlo, lo cual es una opción, de nuevo es cosa vuestra. Sabréis qué lecciones habéis venido a aprender pero cómo las crearéis es decisión vuestra.

Tuve que preguntar:

— *Pero, Harley ¿qué pasa con el plan divino? El término plan ¿acaso no implica algo fijo e inalterable? ¿Cómo puede ser un plan en todos los aspectos si está sujeto a las modificaciones de cada alma? A mí me suena como una receta para el caos.*

—*Sí, hay un plan divino* –contestó Harley–, *pero se despliega continuamente, en cada momento y formáis parte de este despliegue. Cada acción tomada por cada alma en el planeta en cada momento modifica el plan divino para el momento siguiente. Sin embargo, todo permanece en equilibrio y se encuentra en perfecta alineación con lo que tiene que ser entonces. Todo es tratado al momento. Todo es siempre perfecto y en cada instante expresa la conciencia de Dios, la cual evidentemente es AMOR. Éste es en esencia el plan divino. El AMOR es todo lo que hay y vuestra participación en ello consiste sencillamente en conoceros a vosotros mismos en tanto que AMOR.*

—*Es fácil* –le interrumpí–, *ya soy AMOR.*

—*Sólo es fácil mientras estás aquí arriba* –replicó Harley–. *Si, por supuesto sabes que eres AMOR. Pero el desafío para ti cuando te vuelvas humano es que al menos para una buena porción de tu vida no tendrás ni idea. Todo lo que sabes acerca de ti mismo como ser espiritual quedará ocultado, enterrado profundamente en la parte inconsciente de tu mente. No sabrás quién eres.*

»No obstante, el objetivo de todo el ejercicio es redescubrirlo, acordarte de ti mismo y de la verdad de quién eres realmente. Entonces, serás capaz de vivenciarte como AMOR de una forma que no es posible hallar aquí arriba.

»Sabes, Jack, aquí arriba sólo podemos saber que somos AMOR. Ahí abajo, por el hecho de tener un cuerpo con el cual sentirlo, podemos realmente vivenciarnos como AMOR. Esa experiencia sensorial es pura beatitud.

»Es la parte divertida de toda la experiencia humana. Cuando después de experimentar las aparentes dificultades de vivir en el plano terrenal, empieces a despertar al hecho de que, en verdad, no es más que una ilusión, un truco de la mente y que el AMOR es todo lo que hay, esa experiencia se convertirá para ti en una gran broma cósmica. Tendrás lo que abajo llaman una crisis o una percepción o una experiencia trasformadora. Y no podrás dejar de sonreír.

—Pero ¿y si no despiertas a esa verdad? —pregunté—. ¿Qué ocurre entonces? ¿Y cómo sabré despertar del todo si estoy inconsciente?

—Muchos no despiertan —contestó Harley—. Y está bien. Siguen estando al servicio de otros cocreando todo tipo de situaciones que mientras siguen dormidos les sirven para despertar a la verdad. Recuerda que todo es perfecto. Despertarán cuando sea su momento.

»Además de tu grupo de almas aquí arriba, tendrás un par de guías contigo, sentados en tu hombro todo el camino, guiándote hacia ese punto de saber si despertar o no. Ambos son aspectos de tu propia alma, pero en el proceso de encogerte para tomar la versión humana del alma, se volverán diferenciados. Ciertamente se sentirán separados de ti aunque conversando continuamente contigo desde tu interior. A la primera se la conoce como tu ego. La segunda es tu yo superior. —Harley siguió hablando—. Hablaré primero del ego. Es probablemente el más fascinante de los dos y seguramente la parte menos comprendida de quien llegas a ser dentro de un cuerpo humano. Este aspecto de ti mismo será el instrumento de creación de todas las muchas circunstancias de tu vida que conformarán tus oportunidades de aprendizaje.

»*Desde aquí arriba tendremos muy poco control sobre tu ego salvo por el hecho de que lo hemos programado hasta cierto punto para que tomes ciertas direcciones predeterminadas coherentes con tu misión. Pero no te preocupes, tu ego es muy creativo y tiene un enorme sentido del humor que, combinado con su predilección por la ironía y su gusto por lo absurdo, hará que este guía te lleve por donde tienes que ir ¡aunque sea a patadas y gritando órdenes! Su principal papel, por supuesto, es hacer que compres la idea de que estás separado no sólo de cada ser humano y especie animal sino de la Tierra misma y, en último término, de Dios.*

»*Este guía te hará tragar la idea tenaz y ridícula de que el hombre decidió separarse de Dios y que esta decisión estuvo mal. Te convencerá de que esto enfadó mucho a Dios. Es a través de esta historia que el ego te enseña el miedo y la culpa. El miedo de incurrir en la ira de Dios y de tener muchas posibilidades de acabar en el infierno por siempre, y la culpa por haber cometido el pecado inicial.*

»*Luego, para protegerte del miedo y de la culpa, el ego te enseña cómo reprimir esos sentimientos y para deshacerte de ellos a proyectarlos sobre otras personas. Esto establece una maravillosa matriz de relaciones entre personas que no sólo están en negación acerca de ellas mismas sino que están continuamente proyectando unas en otras. Obviamente, esto proporciona un terreno fértil para la creación de todo tipo de oportunidades de aprendizaje. ¡Qué genio es el ego!*

»*El ego también es un especialista en ayudarte a sumergirte y convencerte completamente de las ilusiones del mundo material. Con ello no sólo me refiero a la separación sino a la dualidad, cierto y falso, bueno y malo, dolor y sufrimiento y, por supuesto, la muerte.*

»*Inspirarte un fuerte temor a la muerte y la idea asociada de total aniquilación mediante la muerte es el golpe maestro del ego.*

—¿*Por qué tiene que ser así* –pregunté.

—*Porque si todo el mundo supiera que la muerte es sólo una ilusión y que no hay nada que temer en ella, la gente seguiría eligiéndola para escapar a la incomodidad de la experiencia humana. Esto socavaría toda la empresa, que consiste obviamente en tomar un cuerpo y estar inmerso en un mundo de separación y en lo opuesto al AMOR a fin de ir más allá de SABER que eres AMOR hacia la total experiencia de ello, tanto en lo emocional, lo físico como en lo intelectual.*

—Si queremos experimentarnos como AMOR, ¿por qué ir a un lugar donde haya tan poco? –pregunté.

—Precisamente es la idea, Jack –dijo Harley–. Para convertirse totalmente en AMOR, debes trascender todo lo que parezca no ser AMOR. La experiencia humana te asedia con todo lo que no sea AMOR a fin de poner a prueba tu habilidad para crecer en el AMOR y, al mismo tiempo, expandir la mente de Dios.

»Ahora quiero hablar de tu otro guía, el yo superior. En el mundo humano, siempre se da una alquimia de los opuestos, por lo tanto, está totalmente en la línea de tu naturaleza humana que haya dos guías aparentemente opuestos.

»Siempre procurarán tirar de ti en direcciones opuestas. El ego te apartará de la unicidad mientras que el yo superior siempre querrá recordarte la verdad de quién eres. Ésta es su tarea. Es exactamente lo que se supone deben hacer para ti. Por lo tanto, el ego y el yo superior no compiten entre ellos. Conversan todo el tiempo y conjuntamente disponen las cosas para que las experimentes.

»De vez en cuando el yo superior levantará un poco el velo, sólo por un momento, para darte una muestra de la realidad espiritual. Esto por varias razones, pero básicamente lo hará para activar un cambio drástico en tu conciencia o el proceso que llamamos despertar.

»Pero lo que tienes que comprender, Jack, es que lo hemos previsto todo para que los seres humanos puedan experimentar esta realidad sólo de forma limitada. Les hemos dado cinco sentidos que sólo pueden trabajar dentro de una horquilla de frecuencias y percibiendo sólo la realidad física.

»Percibido a través de esos sentidos, el mundo físico parece tan real que se entiende por qué los seres humanos creen que es real y que no existe otra cosa. En este sentido hemos hecho un buen trabajo, pero por

otro lado, dificulta la tarea del yo superior. Esto ha impedido que la gente oiga sus mensajes, a pesar de los sutiles mensajes que el yo superior se ha esforzado en enviar.

»Afortunadamente, los humanos se están volviendo más sensibles al yo superior y más abiertos a la idea de que éste les está hablando y guiando durante todo el tiempo. Esto facilita mucho las cosas y acelera todo el proceso que, como veremos, es crucial.

»Durante los primeros tres o cuatro años de tu vida, estarás íntimamente conectado con tu yo superior y en esos tiernos años quizá seas capaz de recordar que estuviste aquí en ese mundo del Espíritu. Como niño resulta cómodo para ti existir en ambos mundos al mismo tiempo.

»Luego, como se desvanece la conciencia de este mundo de tu propia conciencia, el ego empezará a dominar. Tu yo superior estará entre bastidores observando y guiándote cuando sea necesario, pero sobre todo se quedará fuera del camino del ego mientras estás aprendiendo a estar totalmente separado y autónomo.

—Esto parece muy divertido –dije echando una mirada a mi grupo de almas–. Apoyado de esta manera será una fiesta.

—Salvo que no recordarás nada de eso –dijo Harley.

»La amnesia espiritual es una necesidad absoluta. Si supieras que todas tus experiencias son simples montajes, no participarías con el nivel emocional requerido. Te abstendrías en cada una. La idea es experimentar la existencia humana tan plenamente como sea posible y atravesarla con la creencia de que es real. Así, cuando vuelvas aquí, tu conciencia de UNICIDAD se habrá multiplicado cientos de veces. Sin amnesia total, esa multiplicación no tendría lugar.

—¿Por qué me dices todo esto y por qué tengo que atender todas esas lecciones si voy a olvidarlo todo? Esto no tiene sentido.

—Tu educación presente sólo entrará en juego cuando empieces a despertar gradualmente y recuerdes quién eres. Cuando tu yo superior te empiece a susurrar, extraerás estas lecciones del fondo de tu mente inconsciente. Todo lo que te estoy diciendo ahora estará allí, pero no serás consciente de ello, al menos hasta que tu yo superior decida que ha llegado la hora de ilustrarte.

»Todo esto tiene un propósito en términos de la necesidad que tiene la Inteligencia Universal de seguir expandiendo su conciencia porque es el punto central de todo lo demás.

»¿Habrás oído hablar de la teoría del Big-Bang? Los humanos han dedicado mucho tiempo a desarrollar esta teoría y, para decirte la verdad, no van desencaminados. La única parte que no han comprendido del todo, por supuesto, es la más importante. Es la que precede el Big-Bang. Están tan atrapados en la idea del tiempo y el espacio que no pueden imaginar que nada llegue a existir sin que haya algo antes. Es un verdadero problema para ellos. Como sabes por tus anteriores estudios, el mundo físico ha seguido creciendo y expandiéndose. Los científicos han medido la velocidad a la cual se expande. Y al igual que el mundo material ha seguido creciendo y expandiéndose, también lo ha hecho la Inteligencia Universal. Dios necesita expandir continuamente su conciencia de la misma manera porque ésta también forma parte del mismísimo Universo en expansión. Te darás cuenta de que en la Tierra algunas personas hablan de Dios como El Universo. No es casual.

»De todas formas, desatando el potencial de creatividad infinita, la Inteligencia Universal nos creó así como a todas las demás formas de vida inteligente para seguir expandiéndose. De hecho, es el único motivo por el cual la Inteligencia Universal nos creó.

—¿Por qué?

—Como la Inteligencia Universal no podía experimentarse a sí misma como sí misma, nos creó a fin de seguir experimentándose a sí misma a través de nosotros en formas siempre en expansión, en sintonía con el Universo en expansión. Es lo que significa decir que Dios es nuestro Padre y que somos hijos de Dios.

»Ahora es cuando la cosa se pone interesante —dijo Harley, inclinándose hacia nosotros como si estuviera a punto de decirnos algo de gran valor—: Sin nosotros, Dios no es.

—No lo entiendo. ¿Qué estás diciendo Harley? —pregunté.

116

—Es muy simple. Dios nos creó y nos dio la habilidad de entrar y salir de este mundo de dualidad y de materialidad para experimentar ese mundo por delegación a través de nosotros. Así la Inteligencia Universal podría seguir expandiéndose en sintonía con el mundo físico.

»Somos cruciales para dicha expansión, Jack. Cada alma que se encarna y todas las que como en tu grupo apoyan este proceso juegan un papel vital en la expansión de la conciencia de Dios. Es lo que quiere decir que sin nosotros Dios no es. Sin ti, Jack, Dios no es.

—Así que en cuanto adquiero un cuerpo físico soy Dios en forma física jugando en el reino material. ¿Es correcto?

—Sí —confirmó Harley—. Es como si la mano de Dios se pusiera un guante y tú fueras ese guante. Sin este guante, la Inteligencia Universal no podría experimentar el mundo físico. ¡Eres todo un regalo para Dios, Jack!

—Esto ciertamente pone todo en perspectiva —me aventuré a decir—. ¡Vaya, mi pequeña persona ayudando a la expansión de la mente de Dios!

—¿Está claro ahora para ti por qué haces esto y de qué se trata? —dijo Harley—. Déjame repetirlo una vez más para asegurarme.

»El propósito básico de emprender el viaje humano es experimentar lo opuesto de lo que sabemos es la verdad aquí arriba, UNICIDAD y AMOR. Mediante la experiencia de esos opuestos, podemos llegar a conocer la UNICIDAD y el AMOR de forma más plena y, a través de esa conciencia plena ascender a un nivel totalmente nuevo en nuestro crecimiento espiritual y expandir aún más la conciencia de la Inteligencia Universal. También recordarás que la experiencia humana te pondrá en situación de ser abandonado, rechazado, traicionado, aterrorizado e incluso torturado a lo largo de tu caminar terrenal. Éstos son algunos ejemplos de las cosas que te ayudarán a experimentar plenamente los opuestos al AMOR y a la UNICIDAD. ¿De acuerdo, Jack?

—Bueno, pienso que sí pero no puedo decir que esté impaciente por atravesar todo esto.

—No te creas que la vida sólo sea eso. –Me previno Harley–. Gran parte de la experiencia humana es extraordinaria y maravillosa. Existen muchas oportunidades para las personas de experimentar el AMOR, la beatitud, la armonía y la paz todos los días de su vida. En cuanto a las experiencias de dolor y sufrimiento, preferimos que lleguen pronto en la infancia. De esta manera colocamos una cadena de repeticiones de la misma herida, inconscientes y autocreadas una y otra vez.

»Por ejemplo, si un niño siente que ha sido abandonado en la infancia, sencillamente volverá a repetir el mismo guión una y otra vez en todas las siguientes relaciones. Igualmente, las ideas que el niño se formará en respuesta a esta herida como por ejemplo: no valgo nada, no merezco, no se me puede amar, no estoy bien, etcétera, se verán reforzadas una y otra vez hasta convertirse en la creencia que regirá su vida. Habrá tanto dolor asociado con esta idea que llevará a algunas personas al alcoholismo, la drogadicción u otras adicciones con las que esperan anestesiar el dolor.

»Si todo se desarrolla según el plan, esa creencia negativa creará tantos bloqueos en sus vidas que, finalmente, se verán forzados a hacerle frente y sanarla. Y es en el hecho de hacer el proceso de sanación que el despertar ocurre.

»Aquí está el quid de la cuestión. ¿Quién mejor que tus padres puede proporcionarte la experiencia inicial de separación? El acto mismo de nacer es un acto de separación y para muchas personas tan sólo el traumatismo del nacimiento basta para instaurar la reacción en cadena. Otras almas eligen tener sus experiencias de aprendizaje más tarde, digamos a la edad de cinco o siete años o al principio de la adolescencia.

»Otros deciden hacerlo de otra manera. Eligen padres que les darán una bonita crianza y así desarrollan un falso sentido de la seguridad y, entonces, ¡BAM!, la llamada al despertar se produce cuando menos se lo esperan.

»Muy bien. Ahora prosigamos con vuestra preparación para la experiencia de la vida humana. Ahora veamos vuestra huella divina –dijo

Harley–. Toda la numerología ha sido codificada junto con los datos astrológicos, así que ya tenemos esto. Después programaremos cada chakra en el cuerpo etérico para establecer la huella del cuerpo físico que sólo se manifestará para vosotros en el momento de nacer.

El marco es el mensaje

Mucho de lo que hay en la historia anterior puede haber constituido un desafío para ti y ser difícil de aceptar. Sin embargo, no debes preocuparte. Recuerda la pintura de la que hablamos antes. Cada vez que cambiaste el marco cambió tu percepción de la imagen, ¿verdad? Fue como si no pudieras evitar verla de forma distinta. Y, sin embargo, no necesitaste pensarlo ni creerte el marco mismo, ¿verdad? Sólo fue cuestión de que hubiera o no un marco o que se cambiara por uno distinto.

No hace falta creer

El hecho es que no hace falta creer en él para que el marco funcione o para que el nuevo paradigma se vuelva real para ti. En el caso del Perdón Radical, que no es otra cosa que el nuevo paradigma en acción, basta con que el nuevo marco esté ahí al menos el tiempo necesario, aunque por un instante, para que lo registres. Es suficiente porque pienso que se acerca bastante a la verdad, a falta de ser la verdad. Es sólo que nuestra mente racional aún no lo alcanza. Sencillamente no llega. Pero nuestra *Inteligencia Espiritual* sí que llega y registra el nuevo marco inmediatamente y éste se queda impreso. Por eso la estrategia de *fingirlo-hasta-conseguirlo* realmente funciona.

Ama tu propia humanidad

Pero no olvidemos que somos seres humanos dotados de una prodigiosa capacidad para emitir juicios, evaluaciones y supuestos a raíz de nuestra necesidad de tener razón, y llevamos incrustado el ansia de condenar a otros por nuestra infelicidad. Todo esto porque necesitamos estar en la conciencia de víctima a fin de experimentar separación y no te creas que dejarás de sentir las mismas cosas una vez estés despierto.

Sentirás tanto dolor y tanta angustia por lo que ocurre como antes, seguramente estarás despotricando y juzgando la situación, quizás incluso recriminando a la gente o diciéndoles que están equivocados. La gran diferencia será el tiempo que te quedarás atrapado en ese estado emocional.

Si antes te habrías quedado días, meses e incluso años, ahora lo atravesarás en minutos porque tu conciencia espiritual de que hay perfección en la situación se abrirá paso en medio de la neblina emocional disolviendo la energía. Tu observador, esa parte de ti que existe fuera de ti y te observa desde encima, te dará un codazo y te recordará quién eres y que estás siempre creando tu vida momento a momento. Es tu Inteligencia Espiritual. Todo lo que te pide es que te ames por sentir los sentimientos que estabas sintiendo y sepas que forman parte de la perfección de lo que hay.

11. Contratos de almas

En el nuevo paradigma está la idea de que antes de tu encarnación acordaste con otras almas que entrarían en tu vida en ciertos momentos para hacerte cosas a ti, en realidad hacer cosas *para* ti, a fin de que puedas experimentar cierta modalidad de separación. Por ejemplo, digamos que con el propósito de compensar el karma de una vida anterior, querías experimentar lo de ser traicionado. Pediste un voluntario a los de tu grupo de almas y una se propuso, por motivos propios, a jugar este papel para ti en cierto momento de tu vida.

Una vez encarnado, no tienes recuerdo de ello, evidentemente, debido a la amnesia espiritual. A lo largo de tu vida no sospechas qué y cuándo algo va a ocurrir, exactamente como acordado por adelantado. Supongamos que has emprendido un negocio que funciona bien. Tu socia parece totalmente fiable y en los treces años de andadura juntos nunca se te ha ocurrido verificar lo que hace. Un día llegas a la oficina después de haber hecho dos semanas de vacaciones y te encuentras con que ella ha vaciado la cuenta llevándose todo el dinero, incluso el de muchos clientes y ha desaparecido sin dejar rastro. A consecuencia de esto te declaras en bancarrota.

Se comprende que estés furioso y hagas todo lo que esté en tus manos para encontrarla, llevarla ante la justicia y vengarte. La sensación de traición por parte de esta mujer es más de lo puedes soportar y caes en una grave depresión. Te han traicionado muchas veces antes pero nunca a tal escala. Te vienes rápidamente abajo y lo pierdes todo. Esto culmina en una crisis personal total y un escarpado descenso en tu noche oscura del alma. Y ya conoces el resto de la historia.

Muchas personas son escépticas acerca de la idea de los contratos de almas, pero Robert Schwartz, en su libro *Your Soul's Plan*,[36] da indicios de ello aunque su argumentación no tenga carácter de prueba científica, es muy sugerente y podría ser cierta. Después de vivir una experiencia espiritual que le impulsó a investigar el tema, reunió miles de historias de personas que habían sido victimizadas. Envió esas historias a varias personas que pueden ver más allá de las cosas tales como psíquicos, médiums y canalizadores. Les pidió que explorasen lo que podía haber precipitado esos acontecimientos.

Cuando éstos le mandaron sus lecturas comprobó un alto grado de concordancia entre ellas en el sentido de que cada evento provenía de un acuerdo de almas que algunos describieron en detalle. Un médium pudo realmente oír la conversación durante la cual el acuerdo se hizo. Robert continúa sus investigaciones y está escribiendo otro libro. Es un trabajo muy interesante que demuestra la existencia de una planificación previa en la forma en que nuestra vida se desarrolla y que, en realidad, lo que ocurre es lo que queremos experimentar.

EJERCICIO

Considerando tus propias experiencias pasadas. ¿cuáles te parecen haber sido el resultado de un acuerdo de almas? Un medio de analizar ese tipo de eventos es detectar lo que es raro o especial en lo que ocurrió. En la historia anterior, por ejemplo, es tan impropio del carácter de tu socia haber hecho lo que hizo, dada su personalidad y su escala de valores, etcétera, que resulta increíble. Si no es propio de ella hacer algo así, ¿acaso fue su alma la que actuó respondiendo a tu demanda?

Otra forma de ahondar en esto es hacer una visualización. Imagina que eres un alma planeando para nacer como ser humano y tienes a tu

---

36. «El plan de tu alma». *(N. de la T.)*.

alrededor un cierto número de almas que también están a punto de emprender su propio viaje. Ahora, recuerda en tu vida humana a una persona que te haya victimizado e imagina tu ser previo a la encarnación preguntando a las otras almas si alguna está dispuesta a jugar este papel de victimario en cierto momento de tu experiencia humana y que ella te pregunta qué necesitas que haga. Tu respuesta corresponde con lo que solías identificar como tu historia de víctima.

¿Cómo lo percibes? ¿Se te revuelve el estómago? ¿Resuena para ti?

Ahora imagínate que, como medio de intercambio, haces algo por otra de las almas del grupo en algún momento de su experiencia de vida. Piensa en alguien que hayas herido. ¿Podría ser que cumplieras el acuerdo de almas con esta persona?

Los acuerdos de almas nos pueden ayudar de muchas maneras. Por ejemplo, la razón por la cual pedimos a un compañero de alma que venga y cometa el crimen de abusar sexualmente de nosotros puede ser porque fuimos pedófilos en una vida anterior y queremos compensar esa energía kármica con la experiencia de ser víctimas esta vez.

También está la necesidad de enrolar a otras almas para que nos den la experiencia de separación en apoyo a nuestra misión. Como he apuntado antes, considero muy probable que al encarnarnos se nos da algún tipo de misión que cumplir. Rara vez somos conscientes de ella, por supuesto, especialmente durante el período de amnesia espiritual. Por mi parte, no supe hasta la edad de cincuenta años que la mía era aportar el Perdón Radical al mundo.

En mi libro *El Perdón Radical*, adelanto la idea de que la misión de la princesa Diana era abrir el chakra corazón de Gran Bretaña de la forma que ella lo hizo conectando desde el corazón con los británicos al compartir públicamente su herida. Para mí fue claro que ella y el príncipe Carlos tenían un contrato de alma para hacerlo posible.

Volviendo a la historia de Jack, el alma que se estaba preparando para su *encarnación radical*, la cosa se complica cuando Harley le cuenta cuál es su misión. Esto nos acercará a la comprensión de lo que significa crecer en el Amor.

—*Siéntate, Jack.* —*Me mandó Harley con una voz suave pero seria*—. *Es hora de que hablemos. Tengo algo que decirte que francamente me dejó estupefacto cuando me lo pasaron del Alto Mando.*

—*¡Cuéntamelo, por el amor de Dios, Harley!* —*dije casi gritando. Aunque me sentía muy tenso, no se me escapaba la ironía de haber solicitado algo susceptible de hacer a Dios más feliz*—. *¿Qué voy a ser y qué tengo que hacer?*

—*Tu misión es convertirte en presidente de Estados Unidos de América, sanar el alma del país y, como resultado, fíjate bien, generar la paz en el mundo y la trasformación de la raza humana. Tu tarea será sanar la sombra de América, por la esclavitud y la traición contra los nativos, etcétera, y en paralelo llevar al mundo a un punto de crisis para que pueda abrirse a una nueva conciencia en torno a 2012.*

—*Harley, estás de broma, ni siquiera entiendo lo que esto significa.* —*A estas alturas de la conversación yo estaba prácticamente histérico*—. *¿Por qué me haces esto, Harley? Yo sólo quería una encarnación corriente. Esto me supera.*

—*De acuerdo, ¡que no te entre el pánico, Jack! Todo está gestionado de antemano. Hemos tenido un gran equipo de ángeles trabajando en ello y se te asignará un equipo diferente, compuesto de viejas almas que podrán apoyarte a cada paso del camino, así que no te preocupes.*

Me sentía totalmente noqueado, confuso y espantado. «¿Por qué yo? —pensé—. No quiero ese tipo de responsabilidad».

—*En este momento, otra alma recibe la misión de desempeñar el papel opuesto en este drama, el drama que se desplegará y lo cambiará todo. Se convertirá en dictador de un país de Oriente Medio y tú y él generaréis una guerra que precipitará la crisis necesaria para producir cierto resultado muy deseado.*

—*Pero Harley* —*interrumpí*—. *¿Por qué yo? Hay muchos mejor cualificados. ¿Y si lo estropeo todo?*

—Jack, ¿cuántas veces más te tengo que decir que es imposible que lo estropees? El Espíritu siempre encuentra una vía. En todo caso, no hay nadie con la experiencia adecuada porque no hay precedente para esta misión. Nunca antes ha aparecido.

—¿Qué quieres decir con esto? —pregunté.

—Bueno —empezó Harley pensativo—. Recuerdas que la Inteligencia Universal decidió expandir su conciencia primero creando y luego experimentando a través de nosotros el Universo tridimensional y la forma física. ¿De acuerdo?

—Sí, es como lo entendí —contesté.

—Bueno, pues, el Espíritu previó el tiempo en que la humanidad despertaría realmente del sueño mientras todavía estuviera en forma física.

—¿Quieres decir que la humanidad podría actuar en la Tierra como hacemos aquí? —me aventuré a preguntar—. ¿Que existiría en un estado de AMOR en lugar de miedo, en completa armonía y beatitud?

—Es correcto —dijo Harley—. Se darían cuenta de pronto de que la separación es sólo una ilusión y de que no hay necesidad de tener miedo de nada y menos unos de otros.

—Pero sigo confundido, Harley —dije—. Si, como me dijiste antes, la razón por la cual crear ilusión de separación fue multiplicar nuestra comprensión de la Unicidad, ¿por qué ibais a querer eliminar la ilusión?

—Porque esa parte está completa —respondió Harley—. Suficiente número de almas han atravesado la experiencia en la Tierra de haber multiplicado su conciencia acerca de la naturaleza de la Unicidad y la expansión de conciencia se ha realizado. La necesidad de crear separación mediante guerras, conflictos, hambruna, discriminación, tortura, abusos, dolor y sufrimiento ya se acabó.

—Entonces ¿por qué continuar? —pregunté—. ¿Por qué la Inteligencia Universal no declara una tregua, dice que fue todo una farsa y lleva a todo el mundo de vuelta a casa?

—Porque la Inteligencia Universal nunca descansa ni deja de expandirse y no quiere perderse la oportunidad de crecer aún más en el *amor convirtiendo una situación en algo aún más maravilloso. Así que, en lugar de declarar el final del juego que la Inteligencia Universal estableció, y esto te va a gustar mucho, Jack, porque es tan elegante, dicha Inteligencia está planeando seguir experimentándose como sí misma pero ya en forma física durante todo el tiempo! De esta manera puede seguir experimentando la beatitud de existir como SENSACIÓN al igual que como SABER. ¿Lo ves, Jack? La Inteligencia Universal creará el Edén Terrenal. ¿Qué te parece, no es genial?*

—A ver si lo he captado —dije—. *La Inteligencia Universal ha concluido su fase de expansión de la conciencia mediante la cual creó a través de nosotros la ilusión de separación y dualidad en el mundo de la humanidad. Pero, en lugar de ponerle término, ésta quiere fundir ambos mundos para que la vibración que tenemos en este mundo espiritual llegue a ser también la vibración del mundo de la humanidad. De esta manera todos podemos tener un cuerpo si queremos para seguir beneficiándonos de ser capaces tanto de saber como de sentir la beatitud de la Unicidad. Es fundiendo los dos mundos y manteniendo las ventajas de ambos que podemos crecer en el Amor y crear el edén sobre la Tierra. ¿Lo he entendido bien, Harley?*

—Me parece que lo has entendido bastante bien —contestó Harley—. *Hay mucho más que esto pero es una síntesis bastante buena.*

»No obstante, La Inteligencia Universal nunca crea finales por decreto sino que, como sabes, tiene el poder de hacer todo cuando le place. Podría crear el paraíso en la Tierra en un nanosegundo si quisiera pero con la Inteligencia Universal el nombre del juego es trasformación, lo cual significa que lo que cuenta es el proceso. Y ahí es donde entras tú, Jack. Tu papel será poner en movimiento todo ese proceso de trasformación. Como ya he dicho, los trabajadores de luz han estado trabajando duro en los preparativos pero todo lo que hagas y las decisiones que tomes precipitarán el colapso del sueño y generarán la emergencia de una nueva realidad.

»Puede que ésta no ocurra durante tu tiempo de vida, por supuesto, porque son muchas las etapas a atravesar antes de llevar a la gente a* *esta nueva conciencia. Pero de nuevo podría ser. Nunca se sabe. Depende de un gran número de factores. Seguramente no parecerá muy bonito porque como la Inteligencia Universal ha dado libre albedrío a cada alma para que lo disfrute durante su encarnación, millones de personas se resistirán enormemente al cambio. Tienen tanta adicción a ser víctimas que la idea de que no haya ni cierto ni falso, ni culpa ni condena, ni enojo será sencillamente demasiado amenazadora para ellas. Se reagruparán y crearán un poderoso ego de masa completamente reacio a hacer el cambio. Usarán la religión para intentar mantener una realidad basada en la separación y la diferenciación, y es muy probable que se generen muchas guerras en el planeta y un derrumbamiento del sistema financiero causado por la avaricia. Todo formará parte del proceso de trasformación, por supuesto, y si es lo que hace falta para romper la ilusión, es lo que ocurrirá.*

Aunque se publicó en 2003,[37] esta historia se reveló bastante profética. Como todos sabemos ahora, realmente hubo guerra con George Bush y Saddam Hussein como protagonistas.

Ilustración 5. Ángeles de sanación

---

37. Edición agotada.

Como ya he apuntado, puedes saber si un contrato de almas está en juego cuando todo en la situación parece realmente extraño.

Cantidad de datos acerca de la guerra de Iraq eran extremadamente extraños. Por ejemplo: ¿por qué Saddam no detuvo la guerra mostrando que no tenía armas de destrucción masiva? ¿Por qué Bush insistió en ir a la guerra contra Iraq con el pretexto del 11 de septiembre cuando claramente no tenía nada que ver? ¿Por qué Colin Powell, el secretario de Estado, no detuvo la guerra y dimitió al estar en contra de ella?[38] En lugar de eso y en contra de sus propios principios, fue a las Naciones Unidas y de forma patente dio falsa información apoyando la guerra.

Por estas y otras razones, pienso que muy probablemente existía un contrato de almas entre Bush y Saddam para sanar a la humanidad y hacerla pasar a un nivel superior de conciencia. Pienso que la misión de Saddam era convertirse en el líder del mundo en el cual América podría proyectar su sombra y su autoodio. Su papel acordado era ser quien reflejara la sombra de América y le devolviera el reflejo a fin de que éste pudiera ser trasformado mediante el Perdón Radical. Ambas almas acordaron por adelantado jugar sus respectivos papeles como enemigos mortales y que la batalla se librara en el escenario mundial en forma de guerra sangrienta. Así, servirían a la humanidad sacando no sólo el material oscuro de América sino el del mundo entero a la luz para su trasformación en torno a 2012.

Bush no sólo proyectó la sombra de su país en Saddam Hussein sino también su propia sombra. George Bush odiaba a Saddam y no dudó de que éste sentía lo mismo hacia él. Era un asunto tan personal para Bush que incluso dijo que uno de las razones de declarar la guerra era, en primer lugar, porque Saddam *había tratado de matar a su papá*. Que un presidente diga algo así para justificar una guerra es otra de las cosas extrañas.

---

38. No podría haber progresado sin él a bordo porque sólo él tenía credibilidad en el mundo, mientras que Bush no tenía ninguna.

La historia de Jack era profética en el sentido de que tendrás que admitir que George Bush y su administración casi tuvieron éxito en llevar al país y gran parte del mundo al borde del desastre justo cuando dejaba su despacho en 2008. ¿Puede haber sido eso la crisis que supuestamente debía preceder el avance hacia una nueva conciencia? Él, y hay que decir anteriores administraciones, estuvieron muy cerca de provocar una crisis mundial financiera y económica al conceder a la comunidad bancaria rienda suelta para cometer estafas impunemente a fin de alimentar su avaricia y la de los políticos, lo que sin duda forma parte de la sombra del país, y al apoyar la ideología política americana de cero regulación y de una economía de libre mercado sin ninguna traba.

Al no tener impedimentos para su actividad fraudulenta, los bancos se complacieron vendiendo títulos sin valor, todos desmenuzados y repartidos en instrumentos financieros complejos que poca gente entendía, no garantizados por nada que tuviera un valor real, junto con millones de hipotecas que se sabía nunca podrían ser satisfechas por los desafortunados tomadores de préstamos. Mediante su codicia y su crueldad, los bancos efectivamente *mataron* a millones de americanos estafándoles en relación a sus ahorros, sus jubilaciones y sus casas. Saddam también era muy bueno saqueando las riquezas del pueblo iraquí e hizo alarde de su codicia construyendo suntuosos palacios por todo el país sólo para su uso particular. Aquí también se encuentran muchas oportunidades de reflejar.

Luego llegó Obama y junto con los federales se las arregló para detener la sangría durante un tiempo. Pero, mientras escribo este libro, el sistema financiero mundial parece muy frágil y podría hundirse dentro de no mucho tiempo. Si lo hace, la economía mundial podría derrumbarse, causando serio malestar social en todo el mundo y trastornos masivos en la forma de vida que conocemos como normal hasta unos niveles que supera nuestra capacidad de comprender e imaginar.

Volveré sobre este escenario y sobre la forma en que se podría gestionar más adelante. Sólo lo menciono ahora para ilustrar cómo funcionan los contratos de almas en distintos niveles.

Otro ejemplo para mí se dio mientras estaba dando un taller con muchos participantes judíos. Mientras explicaba la idea subyacente en el Perdón Radical, que todo lo que ocurre forma parte de un plan divino y, por lo tanto, es perfecto en el contexto espiritual, varios participantes no dejaban de gritar: «¿y qué pasa con el Holocausto, qué pasa con el Holocausto?».

Es ésta una pregunta que me hacen a menudo en las conferencias y los talleres, pero mi respuesta habitual no les dejó satisfechos. Suelo decir que ese tipo de cosas no se pueden explicar pero si encontramos que el Perdón Radical funciona en nuestra vida con acontecimientos menos drásticos, aunque no sepamos por qué, entonces tenemos que alimentar la posibilidad de que puede funcionar con todo, incluso el Holocausto y otros holocaustos también. Quería resaltar que lo que les había ocurrido a los judíos a causa de los nazis no era único y que existían muchos otros ejemplos de genocidio por los que interesarse también.

Acabé cansándome de sus constantes protestas e interrupciones y dije: «Mirad, lo que haré si estáis interesados es quedarme después de este fin de semana de taller y presentar un seminario de tres horas sobre por qué pienso que el Holocausto ocurrió. Estáis invitados a participar si queréis, pero mientras tanto dejemos el tema del Holocausto, ¿de acuerdo?».

Estuvieron de acuerdo y ocho personas se apuntaron al seminario. Yo no sabía muy bien lo que iba a decir pero lo que salió de mi boca en esas tres horas es lo siguiente:

Considero que no hay pueblo más comprometido con la conciencia de víctima que los judíos, tanto que siguen creando situaciones de victimización, generación tras generación. Les he demostrado y han considerado cierto en su vida mientras hacíamos el ejercicio de la línea de tiempo, que todos tendemos a repetir situaciones de una herida original una y otra vez como medio de multiplicar la energía. También vimos que esas circunstancias tienden a hacerse cada vez mayores, hasta que una de ellas se vea tan multiplicada que nos lleva a un estado de crisis total.

Igualmente hemos visto que la crisis es el necesario preludio a un avance y marca el inicio de un proceso de despertar. También se sugirió que las almas acuerdan venir en la experiencia de la vida, hacer cosas para facilitar la crisis y ayudar en el proceso de sanación que le sigue. Así pues, veamos si podemos montar una historia sobre lo que pasó basándonos en estos supuestos.

Pienso que hay cosas como grupos de almas igual que hay grupos de conciencia entre pueblos, comunidades e incluso países. Así, sobre este supuesto imagino que el grupo de almas de los judíos decidieron que ya tenían bastante de ser victimizados, quisieron acabar con ese modelo establecido desde la noche de los tiempos como su forma de experimentar separación. El grupo de almas sabía que esto había superado con creces su necesidad de experimentar separación, pero como ser victimizados se había convertido en una adicción muy fuerte y poderosa sería muy difícil de romper. Sabían que haría falta que apareciera un alma amorosa muy fuerte con amor y compasión ilimitados para ayudarles a poner término a su adicción a la conciencia de víctima.

El Espíritu estuvo de acuerdo en facilitar tal contrato. Se entrevistaron muchos candidatos hasta encontrar el que consideraron tenía el amor suficiente para hacer lo que hiciera falta y, al mismo tiempo, fuera capaz de soportar el odio que finalmente se acumulara sobre él. La identidad que dieron a esta alma fue Adolf Hitler. Tenía que entrar en el reino humano y enrolaría a otro grupo de almas que estaría sufriendo de su propia adicción particular y que habría que romper, el alma germánica.

Su adicción consistía en una desatada sed de poder mundial y de dominación superior sobre otros inferiores, según ellos todos los demás. Adolf pertenecía aquel grupo de almas y se convertiría finalmente en su carismático líder. Entonces les incitaría inmediatamente a perseguir a todos los judíos, desacreditarlos, humillarlos y progresivamente aniquilarlos de una forma horrorosa y repugnante.

Era el perfecto escenario para los dos grupos de almas. Liderados por Hitler, los alemanes crearían la peor forma de victimización que se les *podía ocurrir acerca de los judíos de manera que esto elevaría su conciencia de víctima a tal elevada altura que finalmente se colapsaría de una vez por todas. El sufrimiento de los judíos reforzaría el narcisismo y el complejo de superioridad orgullosa hasta que se hundiese bajo su propio peso y los bombardeos de los demás países, y colapsaría la energía que había creado el complejo en primera instancia por razones que sólo el Espíritu conoce. Los que murieron lo hicieron sirviendo su propio grupo de almas y cada una de estas muertes fue un contrato previo y totalmente voluntario. Y, puesto que la muerte no es real, en realidad nadie murió.*

Ahí la tienen. Ésta es mi historia de por qué el Holocausto tuvo lugar. Era un contrato entre dos grupos de almas y una sola superalma con suficiente amor como para hacerlo posible, siendo el propósito sanar las mentes de ambos grupos. No sé si hay algo de verdad en esto, pero lo que sí sé es que es una historia condenadamente mejor que la que habéis alimentado durante generaciones.

La reacción fue increíble. Les encantó. La esposa de uno de los que más habían vociferado quería enseñar a todos los niños judíos esta forma de ver las cosas.

La discusión se prolongó y surgió la pregunta sobre el resultado actual para cada uno de los grupos. Estuvimos de acuerdo en que los judíos por fin consiguieron su propio territorio y que mientras siguen obsesionados por la seguridad y se sienten siempre amenazados, la mayor parte del mundo les apoya, incluidos Estados Unidos y la mayor parte de Europa. Al mismo tiempo, de la forma en que están tratando a los palestinos consiguen experimentar el dolor de ser los victimarios. Por lo tanto, la sanación continúa. Es un proyecto a largo plazo para ellos.

El desenlace de la guerra fulminó la adicción de los alemanes a las ideas de superioridad racial y su sed de hegemonía mundial. Tengo la impresión de que el grupo de almas murió entero y fue remplazado por otro grupo. No lo sé pero parece que la raza germana murió y volvió a nacer de inmediato. Después de la guerra los alemanes hicieron todo lo posible para expiar los crímenes que habían cometido. Alemania recibió el apoyo del resto del mundo y en especial de Estados Unidos para reconstruir y renovar el país. Estuvo dividida en dos cierto tiempo y acabo sanando la cisión reunificando Alemania del Oeste y del Este y se encuentra ahora en el proceso de ayudar y apoyar a otros estados de la Unión Europea a atravesar tiempos muy difíciles.[39]

Perdoné a Hitler

Una de mis coaches, una mujer polaca judía que ahora ronda los ochenta años, vino a mí a la edad de setenta y tres para ser entrenada como coach del Método Tipping. A la edad de siete años tuvo la experiencia de vivir y ocultarse temiendo por su vida en las afueras del gueto de Varsovia y presenció lo que ocurría dentro de él. Si los nazis la hubiesen encontrado a ella y a su madre, también la hubieran metido allí e incluso matado. Ella y su madre escaparon arrastrándose muchos kilómetros a través de las alcantarillas. Ella se desvaneció a causa del hedor por lo que su madre la llevó en brazos la mayor parte del trayecto.

Después de que la entrenara en Estados Unidos, declaró que tenía que volver a Polonia para enseñar esa conciencia a *su gente*. Buscó apartamento en Varsovia y empezó a hablar a la gente del Perdón Radical. Su forma de atraer la atención de la comunidad polaca judía fue decir: «Fui testigo con mis propios ojos del horror del gueto de Varso-

---

39. Desde que hice ese seminario, tuve otra inspiración acerca de por qué esos dos grupos eligieron venir juntos para un abrazo de sanación. El argumento de los alemanes de ser una raza superior a todas las demás del planeta quedaba reflejada por la afirmación de los judíos de ser el pueblo elegido de Dios y, por lo tanto, ser espiritualmente superiores al resto de nosotros. A través del Holocausto se escenificó el material oscuro de la conciencia de ambos grupos para en último término sanarlo. Este trabajo sigue progresando.

via. Vi cosas que una niña de siete años nuca debería haber visto. Pero he perdonado totalmente a Hitler. ¿Quieren saber cómo?».

Nos invitó a mi esposa y a mí a Polonia después y había conseguido llenar un teatro con capacidad para trescientas cincuenta personas. Ciento cuarenta de ellas se inscribieron en el taller del día siguiente. Luego fuimos a Cracovia e hicimos lo mismo. Funcionó porque el suyo era un mensaje de Amor. Un Amor extraordinario. Extraordinario en el sentido de que la gente que había sido maltratada por Hitler estaba dispuesta a imaginar que su alma amaba tanto a los judíos que estuvo dispuesta a hacer lo que hizo para liberarlos de las ataduras de su propia adicción a la conciencia de víctima. Éste es un giro de ciento ochenta grados en la conciencia de personas que sufrieron tanto a manos de Hitler y los que él había subyugado.

En la actualidad hay más de sesenta coaches certificados en Polonia y mis libros están publicados en polaco. Y todo esto gracias a la voluntad de una señora en expandir el tipo de Amor que trascendió todo el sufrimiento tanto suyo como el de su pueblo. También ha facilitado seminarios en Israel y otros países expandiendo ampliamente ese Amor.[40]

---

40. Por su lado, Alemania ya cuenta con más de cien coaches en la actualidad.

12. Servir o sufrir

En torno a mis cuarenta años, justo después de emigrar a Estados Unidos, consulté a una vidente. Una de las cosas que la recuerdo decir fue: *La lección es servir o sufrir*. En aquel entonces yo no tenía ni idea de lo que quería decir pero me impresionó mucho.

Sólo cuando empecé a hacer el presente trabajo el sentido se volvió claro. En el contexto de este libro una traducción razonable de esa elección bien podría ser *crecer en el Amor o quedarse en Victimlandia*.

Tu elección

Como ya he mencionado, aunque hayas despertado sigues pudiendo elegir seguir con el proceso de crecer y expandirte en el Amor o volver a tu vieja manera de ser. La mayoría de la gente elige regresar, aunque sólo sea temporalmente.

Fumé durante cuarenta años. Lo dejé muchas veces, una vez durante tres años, otra vez dos años y entre medio con un montón de períodos más cortos de abstinencia. Acabé por dejarlo definitivamente. El proceso de despertar sigue la misma pauta, para atrás y para adelante, para dentro y para afuera hasta que se ancla definitivamente.

La presión del entorno

Como vimos en la historia de Patsy en el capítulo 9, la conciencia de víctima es sumamente atractiva. La presión para regresar a ella es muy fuerte y fácilmente te empujará de nuevo hacia ella. Es difícil resistirse porque la sociedad en general, los medios de comunicación, tus viejos amigos y, probablemente incluso tu familia, salvo que hayan recorrido ellos mismos el proceso de despertar, ejercen sobre ti una enorme presión para que juzgues, critiques y condenes a los demás tanto como hacías antes. Quieren que sigas viendo el mundo a través de las lentes de la conciencia de víctima, no desde el nuevo paradigma.

Esto solía molestarme e intentaba justificar mi caso por estar en el nuevo paradigma. Pero pronto aprendí que, si las personas no están listas para escuchar, es una pérdida de tiempo. También me di cuenta de que no les estaba honrando y que retraía amor por mí mismo suponiendo que tenían que cambiar, viéndolos de esta manera como menos que perfectos. ¡Cuánta arrogancia la mía!

Cada persona se encuentra exactamente donde es preciso que esté. Nadie se queda atrás en su viaje espiritual. Nadie es menos espiritual que alguien. Cada persona está en su propia senda espiritual y cada alma sabe exactamente lo que es adecuado en cada momento. No hay errores. Tu trabajo es cuidarte y hacer lo que tienes que hacer.

Entonces mi estrategia ahora es sencillamente asentir con la cabeza cuando la gente discurre sobre lo mal que están las cosas en el mundo, se queja de los políticos, achaca sus problemas a su pareja, etcétera. ¿Por qué alterarlos? En silencio les apoyo en sentir sus sentimientos, porque éste es el propósito del ejercicio, sentir la separación como experiencia emocional y hago todo lo que puedo para amarles tal como son.

No me resulta siempre fácil. Tengo tendencia a argumentar y algunas veces no puedo abstenerme de orientar la conversación hacia la otra perspectiva. Raramente funciona pero, ocasionalmente, veo que un cambio se opera y que se encienden una o dos luces.

Las personas sensibles a la energía se conectan con mi campo energético y perciben un cambio sólo al estar en mi presencia. No es que yo sea de ninguna manera especial salvo por el hecho de que las personas que han despertado y se han comprometido con el trabajo de crecer en el Amor vibran en una frecuencia más alta que los que no lo han hecho. Y la gente lo percibe y, entonces, me empiezan a hacer preguntas sobre lo que yo hago. Llegados ahí, tengo una puerta abierta y sé que están cerca del despertar o más allá, si no no preguntarían.

La gente está cada vez más abierta y ya no piensa que no estás en tus cabales si hablas de ángeles, espíritus, chakras y energía. Frases como *nada es casual, todo ocurre por algo,* etcétera, se han convertido en parte del vocabulario cotidiano para la mayoría de la gente hoy en día y lo mismo ocurre para la conciencia de masa. Pero, cuando se trata de vivir verdaderamente esas ideas y de ver el mundo a través de esas lentes, es cuando se plantan y la conciencia de víctima prevalece.

Resistencia

Hace unos años, me llegó otra razón por la cual la gente se resiste a caminar hasta el despertar total. Me encontraba dando un taller en Canadá y la sala estaba repleta de personas muy inteligentes, espiritualmente avanzadas y completamente despiertas. Cuando me abrí paso en las historias de víctimas a las que todavía se seguían aferrando a pesar de todo el trabajo que ya habían hecho en el pasado, estaban sollozando de manera casi incontrolable y articulando la misma creencia profunda: *No soy suficiente.*

Ahora bien como eran personas altamente realizadas, tuve que preguntar para qué no eran suficientes. Para algunos, era para sus padres pero incluso por esas personas no parecía suficiente razón para ellos encontrarse en un estado de crisis a esas alturas de su desarrollo. De repente comprendí que *no ser suficiente* se encuentra a un paso de *no ser nada.* Empecé a ver que estaban en la frontera de *ser nada.* Un paso más y se perderían completamente y se fundirían en la Unicidad, como olas disolviéndose de vuelta al océano de la conciencia, el último acto del crecimiento en el Amor.

Perderse y morir en lo desconocido es aterrador. Lo que yo estaba presenciando era su terror de entrar en esa nada. Al llegar a ese lugar de *no suficiencia* no había manera de avanzar. Era cuestión de saltar o ir para atrás. Se echaron para atrás.

Por eso, aunque estés muy evolucionado, no esperes que tu conciencia de víctima se disuelva en una noche. Cuanto más elevada sea tu conciencia y más miedo esté involucrado, más resistencia te encontrarás.

Mis cuarenta años de adicción al tabaco fueron sumamente difíciles de romper. Como dije antes, había intentado dejarlo de golpe muchas veces a lo largo de los años y había fallado. Pretendía haberlo dejado pero me ausentaba a hurtadillas para fumar un cigarrillo, engañándome a mí mismo hasta volver a los veinte diarios. Si has fumado, seguramente me entenderás. Incluso si nunca has fumado, puedes imaginar qué lucha fue para mí.

Auténtica adicción

Pero si piensas que esto fue duro, considera lo siguiente. La conciencia de víctima es una larguísima adicción de quince mil años. Desde la época en que formábamos pequeñas tribus nómadas hasta nuestras actuales y sofisticadas sociedades, nos hemos estado dominando y controlando tanto los unos a los otros que no vemos otro modo de clasificarnos si no es como víctima o victimario. ¡No sorprende que no queramos renunciar a ello!

No es nada extraño que vayamos entrando y saliendo de ello aunque hayamos reunido las unidades kármicas que necesitamos. Nada extraordinario que los judíos no quieran renunciar a ser víctimas. Nada extraño que, justo como proclamaba a los cuatro vientos que había dejado el tabaco, me escabullía haciendo trampa para fumar mi cigarrillo. Como si no lo fueran a notar en mi aliento. ¡Tonto de mí!

La negación siempre nos vuelve delirantes y actuamos y hablamos como si estuviéramos despiertos pero, en realidad, seguimos comprometidos con la conciencia de víctima durante casi todo el tiempo.

Negando el dolor

Existen muchos medios para negar o evitar el dolor emocional o la incomodidad. Bromear, especialmente de forma despreciativa, es una manera de fingir diversión y de evitar sentir.

Asimismo obligamos a otros a negar su dolor para reducir el riesgo de sentir el nuestro. Lo hacemos rescatándolos o cuidándolos. La forma más habitual de hacerlo es abrazarlos o tocarlos a modo de señal *No te alteres, me siento incómodo contigo porque estás sintiendo tus emociones.* Los codependientes también suelen ser rescatadores.

Otra vía es jugar el juego del *bypass espiritual.* En lugar de permitirnos sentir el dolor de la separación, al instante hacemos algún comentario pseudo-espiritual como *Tenía que ocurrir* o *es perfecto* sólo como medio de tapar el dolor. De todas formas, éste no desaparece porque el dolor negado se convierte en dolor reprimido.

Lo mismo ocurre con el *pensamiento positivo.* Solemos evitar los llamados sentimientos negativos negándolos inmediatamente, tachándolos de incorrectos y remplazándolos por algún sentimiento positivo enteramente falso. De nuevo, no es más que otra forma de negación.

En mi opinión no existen tales cosas como los sentimientos negativos. Y ya que estamos, tampoco los sentimientos positivos. Tan sólo son sentimientos y están para ser sentidos y expresados, sean los que sean. Un sentimiento o emoción sólo es negativo cuando se reprime y es cuando se vuelve tóxico.

La gente tiene la misma tendencia a reprimir o suprimir su alegría como su enojo. El viaje humano que acordamos emprender como medio de sentir el dolor de la separación siempre fue entendido como una experiencia emocional. Por eso acordamos tomar un cuerpo, para sentirlo todo. Cuanto menos nos permitimos sentir nuestros sentimientos, más negamos nuestro propósito por estar aquí.

La ironía es que negar o reprimir nuestros sentimientos es beneficioso para nosotros en la fase de amnesia espiritual. De esta manera y, por así decirlo, ponemos parte de nuestra energía en el banco, para poder usarla en el momento de experimentar nuestra gran crisis. Cuando llega, todos esos sentimientos reprimidos erupcionan como la lava de un volcán dotando a la experiencia de mucha más energía y poder.

Pero, una vez haya ocurrido esto y hayas despertado, deja de ser una ayuda. Muchas personas espirituales siguen así por costumbre usando sobre todo la técnica del *bypass espiritual*. La consecuencia es que esto les impide crecer en al Amor. ¿Cómo puedes crecer en el Amor si no estás conectado con tus sentimientos?

EJERCICIO

Anota en tu diario tus propias estrategias para evitar sentir tus emociones. ¿Cuál de las siguientes utilizas?

1. Pensamiento positivo.
2. *Bypass espiritual.*
3. Bromear.
4. Rescatar y cuidar a otros.

13. La vida sigue

Tras el despertar, evidentemente la vida sigue. A cada paso puede lanzarnos algún balón inesperado pero ahora respondemos de una forma totalmente diferente. Lo que es más importante aún, empezamos a permitirnos tener nuestros sentimientos[41] pase lo que pase y a estar totalmente presente a ellos. Según nuestra autoevaluación al final del capítulo anterior, esto puede requerir más o menos práctica.

Quizá tengas que entrenarte a no suprimir tus sensaciones ni a negarlas si ésta ha sido tu costumbre durante largo tiempo. Ten presente que no puedes realmente crecer en el Amor si no estás dispuesto a abrirte a todo el abanico de tus sensaciones. La meta es permitirte sentir todos tus sentimientos sean los que sean. A continuación, encontrarás una fórmula en 4 Pasos para ayudarte a estar más conectado con ellos.

1. Reconoce el sentimiento

Procura poner nombre a los que estás sintiendo. Si necesitas ayuda consulta la *tabla de sentimientos* al final de este capítulo. Si en el momento de sentir no se te ocurre ninguno hazte esta sencilla pregunta:

---

41. La técnica y el texto utilizan mucho el término en inglés *feeling*, que solemos traducir por «sentimiento» o «sensación» según el contexto y tiene que ver con la percepción y reacción física y/o instintiva. Y traducimos *emotion* por «emoción», algo ya asociado con una valoración y de más duración. La frontera entre esos términos no es siempre fácil de establecer y no hay acuerdo en las definiciones que hemos encontrado, por lo que nos atenemos a las explicaciones dadas en este libro. *(N. de la T.)*.

¿Estoy enfadado, triste, contento o asustado? Al menos, eso te colocará en el terreno de juego de lo que estás sintiendo.

2. Acepta el sentimiento

Acoge el sentimiento y ámate por tenerlo. No lo juzgues, especialmente si por costumbre lo considerarías negativo. Sencillamente es.

3. Aplaza expresarlo

Esto no siempre es necesario, depende de las circunstancias. Si se trata de rabia o algo similar y si, expresarlo al momento podría acarrear problemas, aplaza expresarlo hasta que sea seguro hacerlo. Pero no uses eso como excusa para evitar expresarlo sistemáticamente.

4. Expresa el sentimiento

Encuentra una vía para que el sentimiento salga fuera hablando, llorando, gritando, golpeando cojines o cualquier otra manera que sea segura. Quizá necesites a alguien que te apoye a la hora de hacerlo.

Emociones

Habrás notado que, hasta ahora, he hablado de sensaciones o sentimientos y no de emociones. La sensación es algo que ocurre en el cuerpo, se convierte en emoción cuando se le asocia un pensamiento.

Así, la definición de una emoción es *un pensamiento asociado con una sensación.* ¿Qué viene primero, la idea o la sensación? No lo sé pero está claro que la idea es algo mental mientras que la sensación es algo físico y ambos van de la mano.

Mientras que el componente sensorial es un fenómeno físico está y fuera de nuestro control directo, sí tenemos autoridad sobre nuestros pensamientos conscientes. Esto significa que, si modificamos nuestro proceso de pensamientos, producimos un efecto inmediato sobre la sensación. En otras palabras, se convierte en una experiencia emocional diferente.

Y ése es el interés que tiene. Antes del despertar cuando algo turbador ocurre, aprovechamos la ocasión para multiplicar el dolor *afeándolo*. Esto quiere decir que aumentamos el cociente emocional del acontecimiento usando adjetivos como feo, terrible, trágico, inoportuno ante un fallecimiento repentino, repugnante, desastroso, criminal, monstruoso, etcétera, y empezamos a agitarnos clamando revancha sobre quien sea que condenamos. Esto puede alargar la experiencia dolorosa durante meses e incluso años. Esto muestra cómo usamos nuestros pensamientos para magnificar nuestros sentimientos y, en general, el acontecimiento mismo.

Una vez hemos comprendido el juego y nos damos cuenta de que lo que esté ocurriendo sucede por un motivo dado aunque no podamos ver cuál es, nuestra respuesta es completamente diferente. Y aunque ya no sintamos la necesidad de magnificar el dolor, sin duda, nos permitimos mantener las respuestas emocionales normales frente a lo que está ocurriendo. Estamos abocados a ello, somos humanos.

Pero, ahora, en lugar de afearlo con pensamientos que expanden el dolor en tiempo e intensidad, traemos pensamientos de perfección, paz y amor a la situación con el efecto de reducir nuestro dolor y de modificar nuestra percepción en torno al drama.

Esto es muy distinto de hacer un *bypass espiritual*. En éste utilizamos las palabras de una forma superficial a fin de evitar sentir incluso esos crudos y no afeados sentimientos que normalmente tendríamos en tal situación. Se trata de un movimiento defensivo basado en el miedo y, como tal, debilita nuestra capacidad de actuar.

Tomar la decisión de ser conscientes del Amor que fluye por debajo de la situación aparentemente desastrosa nos da poder porque nos lleva a un estado propicio para extraer el poder de la paz y del Amor. Al hacerlo, somos potenciados y guiados desde arriba para actuar rápidamente y hacer lo que haga falta para ayudar a la situación. Eso nos permite estar totalmente centrados en la tarea al alcance de nuestras manos. Ser conscientes del hecho de que en el sentido espiritual había algo perfecto nos permite atravesar el sentimiento con rapidez. Entonces logramos ser más eficaces en la situación que los que están paralizados por haberla afeado o negado.

Es por esta razón que hemos desarrollado una estrategia específica para tratar grandes acontecimientos mundiales sobre los cuales apenas tenemos control, pero que podemos trasformar energéticamente aplicándoles la técnica de Perdón Radical.[42]

Dicho esto, quiero aclarar que no me refiero a las afirmaciones. No funcionan y la razón de ello es que por cada afirmación que hagamos con nuestra mente consciente, nuestra mente subconsciente tendrá una fórmula opuesta cien veces más poderosa. La mente inconsciente siempre predomina sobre lo que le presente la mente consciente si se siente inclinada a hacerlo porque es infinitamente más poderosa.

La mente subconsciente opera con un sistema binario. Siempre es esto o lo otro, dolor o placer, verdadero o falso, conocido o desconocido, correcto o incorrecto, bueno o malo. No piensa ni racionaliza. Sencillamente funciona buscando una correspondencia entre lo que la mente consciente le presenta y su propia base de datos compuesta por creencias, recuerdos, ideas establecidas, opiniones y prejuicios. Si mi idea consciente o afirmación no coincide con lo que hay en su base de datos, será rechazada sin importar lo racional que sea o lo mucho que yo desee que se cumpla.

Ésta es justo la razón por la que yo no podía dejar de fumar. Dejar los cigarrillos era una elección racional. Sabía que no eran sanos y podían provocar cáncer de pulmón pero mi mente subconsciente era adicta al placer que me proporcionaban. Y así mi elección sensata y racional siempre se veía superada. Al final acabé por dejarlo pero sólo gracias a la hipnosis para aparcar mi mente subconsciente un momento.

Teniendo presente que el subconsciente está programado no sólo por los padres y la sociedad en general sino con el refuerzo de quince mil años de conciencia de víctima trasmitida de generación en genera-

---

42. *Véase* la Estrategia de Trasformación Radical en el capítulo 14: «Vida Radical».

ción, ¿qué posibilidades de éxito te parece que tiene una afirmación frente a dicha programación? Ninguna. Me da igual cuántos *post-it* pegues en tu espejo en casa o cuántas tarjetas guardes en tu coche para mirarlas cuando te metas en él. Si la afirmación no concuerda del todo con lo que hay en la mente subconsciente, nada cambiará.

Mi planteamiento para conseguir que el cambio sea permanente no se apoya para nada en reprogramar la mente subconsciente. Lo que hago es enseñar a la gente a usar las herramientas que dan un rodeo completo al subconsciente y, más bien, les permiten sencillamente acceder a su Inteligencia Espiritual.

Este sistema se llama Método Tipping convertido en el fundamento de numerosas estrategias de Vida Radical e incluye el Perdón Radical, la Manifestación Radical, la Salud Radical, el Duelo Radical y la Reconciliación Radical que explico brevemente en el capítulo 14. Pero ahora que he mencionado la Inteligencia Espiritual, debo establecer la distinción entre ella y otros dos tipos de inteligencias, la mental y la emocional.

Inteligencia mental. Es la inteligencia de la mente. Todos la conocemos bien y sabemos medirla con precisión. Cubre todas las actividades cognitivas de la mente racional, los pensamientos, las ideas, los conceptos, los paradigmas, las teorías. Es una facultad muy desarrollada en los humanos aunque varíe según los individuos. A través de la ciencia y las matemáticas, nos ha permitido ir a la Luna y volver, desarrollar extraordinarios procesos médicos y sofisticados modelos del mundo, entre millones de maravillosas realizaciones que han beneficiado a la humanidad.

Inteligencia emocional. Es la inteligencia del corazón. Gestiona nuestras respuestas emocionales a las experiencias de la vida y nos ayuda a orientarnos en los pensamientos asociados con las sensaciones o los sentimientos. Guía nuestras respuestas emocionales ante la vida ya sean regidas por el miedo, el amor, la culpa, el placer, etcétera. Nos indica cuándo estamos en negación, mintiendo o no siendo íntegros. Nos permite relacionarnos a nivel del corazón con compasión, empatía, tolerancia, humildad, perdón, etcétera. Sin la inteligencia emocional seríamos como robots, máquinas que pueden pensar pero no sentir, o como sociópatas incapaces de controlar nuestras emociones.

Aunque la inteligencia emocional es muy sabia, se educa a la gente para creer que la inteligencia mental es más valiosa y para negar sus sentimientos. Como consecuencia, la inteligencia emocional se encuentra bastante reprimida en los humanos. Aun así, grande es el poder de nuestras crudas e incontroladas emociones para imponerse a nuestra inteligencia mental. El resultado es la formación de estructuras mentales negativas como el hecho de sermonear a los demás, los prejuicios, las actitudes extremistas, la inflexibilidad de mente, las creencias erróneas, la negación, etcétera. Todas concuerdan perfectamente con la conciencia mental pero no tienen cabida en una persona que ha despertado y está explorando el concepto de Unicidad.

Inteligencia Espiritual. Es la inteligencia del yo superior. Es la más sutil de las tres y opera por debajo de nuestro nivel de conciencia. Conoce la verdad acerca de quiénes somos y nos conecta con el mundo del Espíritu y la Inteligencia Universal, Dios. Nuestro cuerpo es la antena de nuestra Inteligencia Espiritual. Ésta nos acompaña en nuestro viaje espiritual guiándonos siempre en la dirección del crecimiento y de la sanación. Es nuestra brújula espiritual interna. Nos mantiene en la senda de nuestro Plan Divino. Encuentra su expresión externa en nuestra vida diaria en forma de prácticas religiosas o espirituales, con la búsqueda de sentido más allá de la realidad, con la contemplación, la meditación y la oración, etcétera. No está sujeta ni al tiempo ni al espacio. Entra en juego cuando pedimos ayuda al reino espiritual y nos abrimos a recibirla. Las herramientas y los procesos asociados con el planteamiento de Vida Radical proporcionan un medio perfecto para pedir ayuda, aunque la idea nos produzca escepticismo.

Obviamente, las herramientas antes mencionadas que activan nuestra Inteligencia Espiritual no entran en juego hasta que hayamos alcanzado la experiencia de crisis y hayamos despertado lo suficiente como para estar preparados y empezar el trabajo. Una vez hemos disuelto todas las viejas energías asociadas con todo lo que creamos anteriormente, entonces pueden proporcionarnos su apoyo para mantenernos despiertos y avanzar con conciencia plena. Eso es lo que hacen.

Finalmente, a la luz de lo anterior, volvamos al tema de las diferencias entre hacer un *bypass espiritual* y convertir nuestra conciencia al Amor que fluye por debajo de cualquier situación desagradable. Al utilizar expresiones espirituales en el *bypass espiritual,* estamos usando nuestra mente y eso sólo crea negación. Cuando trasformamos nuestro pensamiento en vibración de Amor, estamos usando nuestra Inteligencia Espiritual para convertir la energía. Eso crea un orden totalmente diferente de rendimiento. El uso de nuestra Inteligencia Espiritual no sólo modifica cómo nos sentimos personalmente sino que a menudo modifica la situación misma a mejor.

La tabla de referencia de sentimientos

Algunas personas tienen dificultades para identificar sus sentimientos, en especial los hombres. La tabla siguiente está destinada a ayudarnos a poner palabras que describen cómo nos podamos sentir y se basa en la distinción básica de estar *enojado, triste, alegre* o *asustado.*

VERIFICACIÓN DE SENTIMIENTOS

ENOJADO	TRISTE	ALEGRE	ASUSTADO	APACIBLE	PODEROSO
Retraído	Arrepentido	Divertido	Superado	Atento con los demás	Apreciado
Irritado	Estupefacto	Optimista	Codependiente	Dando de sí mismo	Independiente
Traicionado	Aislado	Juguetón	Sometido	Confiado	Respetado
Abandonado	Apático	Estimulado	Desconcertado	Amable	Enraizado
Herido	Vacío	Entretenido	Incómodo	Agradecido	Valorado
Frustrado	Deprimido	Entusiasta	Controlador	Satisfecho	Merecedor
Resentido	Avergonzado	Enérgico	Inadecuado	Confiando	Comprometido
Hostil	Desesperado	Fascinado	Dependiente	Tolerante	Seguro de sí
Iracundo	Rechazado	Fascinante	Confuso	Relajado	Humilde
Lleno de odio	Culpable	Atrevido	Indefenso	Amoroso	Honorable
Crítico	Solo	Animoso	Angustiado	Presente	Fuerte
Envidioso	Maltratado	Esperanzado	Inseguro	Sereno	Firme
Vengativo	Lloroso	Creativo	Ausente	Activo	Orgulloso de sí
Enrabiado	Aburrido	Feliz	Solo	Pleno	Capaz

Ilustración 6. Tabla de referencia de los sentimientos

TERCERA PARTE

VIDA RADICAL

14. Vida Radical

Aunque personalmente nos hayamos adherido al nuevo paradigma, la vida sigue bastante igual. El mundo en el que vivimos mientras escribo sigue comprometido con el viejo paradigma al menos de momento. Y el hecho de que hayamos despertado no significa que no nos quede mucho por aprender y desafíos que enfrentar.

Para que cada uno de nosotros permanezca despierto, necesitamos desarrollar una costumbre mental y un estilo de vida adecuado que siempre se oriente por defecto hacia el nuevo paradigma. Esto se conoce como el estilo de Vida Radical.

Ciertamente, dado el punto en que estamos en términos de conciencia, necesitamos ayuda para vivir de esta forma y ser auténticos con nosotros mismos. Por eso hemos desarrollado varias estrategias que nos ayudan a potenciar el estilo de Vida Radical. Son todas extensiones y adaptaciones de la misma técnica probada y auténtica de Perdón Radical, con todas sus herramientas y procesos que han demostrado su eficacia a lo largo de los años. Por eso es la estrategia número uno.

Estrategia 1: Perdón Radical

Conseguir tu destete del victimismo es realmente el primer paso para desarrollar una conciencia de Vida Radical. No puedes estar en un estado de paz si guardas resentimiento y enojo acerca de cosas que ocurrieron en el pasado o que continúan socavando tu paz aún hoy en día. Considerar a los demás como responsables de tu infelicidad te quita muchísimo poder. Al hacer el Perdón Radical, recuperas tu poder.

Estrategia 2: Autopotenciación Radical

Esa estrategia incluye a la vez el Autoperdón y la Autoaceptación y se puede definir como *el arte de aceptar las consecuencias de ser tú mismo*. Aunque podamos decir que todo perdón es autoperdón y por eso las incluidas no necesitan su propia estrategia, seguimos necesitando una que nos ayude a salir de la tiranía de la crítica y del juez interior. Ambos conspiran para quitarnos poder y hacernos sentir indignos y defectuosos. Es más, no podemos desarrollar la conciencia de Vida Radical sin estar dispuestos, incluso en circunstancias en que con razón nos sentimos culpables y avergonzados, a considerar que tenía que haber alguna razón espiritual para que seamos *llamados* a hacer lo que hicimos y que desde la gran panorámica espiritual no cometimos ningún error.

Estrategia 3: Trasformación Radical

Necesitamos esa estrategia para ayudarnos a *fingirlo-hasta-conseguirlo* y utilizar nuestra Inteligencia Espiritual para conectar con la verdad suprema de lo que parece ocurrir ahí fuera en el mundo y que parece tan malo, como las guerras, las hambrunas y los desastres naturales. Las herramientas que propone nos ayudan a mantener nuestra disposición a alimentar la posibilidad[43] de que todos esos sucesos forman parte de un Plan Divino y, al mismo tiempo, sentir compasión y empatía hacia las personas involucradas y estar motivado en ayudar a aliviar su sufrimiento. Cuando actuamos y sostenemos esa perspectiva, somos mucho más poderosos porque lo hacemos con la conciencia libre de la necesidad de condenar o de la de añadir sufrimiento sintiendo enojo o malestar. Si permanecemos dispuestos a ver la mano de Dios en la situación, sencillamente y en virtud de nuestra vibración, seremos de mucha más ayuda a los que sufren que de la otra forma.

---

43. Observa que no he dicho *creer en...*

Muchas personas que se consideran espirituales convierten en una virtud el hecho de evitar ver las noticias por ser algo demasiado negativo. Siento cierta simpatía por esa idea porque las noticias llegan a estar muy distorsionadas. Pero el hecho es que los acontecimientos reportados sólo son negativos y, por lo tanto, tóxicos si nos quedamos bloqueados y sin conexión con la idea de que sirven a un propósito espiritual.

De hecho, desde el punto de vista de Vida Radical, puede ser una buena práctica espiritual exponerse al dolor y el sufrimiento de las víctimas de un terremoto o de un tiroteo o de cualquier otro suceso atroz y hacer lo posible para permanecer abierto a ver la perfección en la situación. Por eso recomiendo tener a mano una plantilla de Trasformación Radical y utilizarla cuando algo en las noticias es realmente turbador. También sugiero la utilidad de guardar en mente el proceso de los Pasos de Emergencia, explicado en detalle en el presente capítulo.

Esto no sólo mantiene alta tu vibración, ayuda a elevar la conciencia colectiva y contribuye a mejorar la situación real en profundidad. Incluso sentado en tu sillón viendo los sucesos que se despliegan al otro lado del mundo marcarás una diferencia si consideras la idea de que existe perfección en la situación.

Estrategia 4: Manifestación Radical

Esa estrategia te da el poder de usar eficazmente la Ley de Atracción para crear las cosas y las situaciones que deseas tener en tu vida, tales como una nueva relación, el hijo que siempre has deseado, un trabajo, una nueva carrera, el tipo de casa que quieres, etcétera. En términos más generales, se refiere a crear el tipo de vida que tendrá sentido para ti y te llenará como ser despierto que desea marcar una diferencia. Como he señalado anteriormente, cuando alguien atraviesa la noche oscura del alma y resurge como persona despierta, sus prioridades cambian. Antes podías estar centrado en cosas materiales que te hacían sentir que tenías el control, seguro, próspero y exitoso, ahora tu enfoque pasa a ser marcar una diferencia y servir a la humanidad, el medio ambiente y la comunidad. Habiendo utilizado el Perdón Radical y el Autoperdón Radical para rescatar tu energía del pasado, tienes más energía en el presente para crear el futuro que vislumbras para tu nueva vida. Es lo que haces al usar la estrategia de Manifestación Radical.

Estrategia 5: Relaciones Radicales

En esta estrategia usamos una combinación de Perdón Radical, de Autopotenciación Radical y de Manifestación Radical para que crees las relaciones que deseas. Gran parte de dicha estrategia ya ha sido tratada en este libro y en el capítulo 16 encontrarás más material para manifestar una nueva relación.

Estrategia 6: Dinero Radical

La mayoría de nuestras creencias, prejuicios y actitudes tienen sus raíces en el viejo paradigma y eso explica por qué nos cuesta tanto lidiar con el dinero. No podemos vivir verdaderamente el estilo de Vida Radical si no estamos dispuestos a aceptar que el Universo es infinitamente benevolente y un espacio de abundancia total. Hemos desarrollado un cierto número de plantillas y sofisticados programas online[44] para ayudar a las personas a modificar su conciencia en torno al dinero a fin de imantarlo y sentirse más cómodos con el hecho de atraer más dinero del que acostumbran a tener.

Estrategia 7: Pérdida de peso Radical

A lo único que tienes que renunciar con este programa es a las historias que en primera instancia te llevaron a ganar peso. Ése es el lema del produc-

---

44. Programas online sólo disponibles en inglés o practicables en español mediante el coaching en grupo o individual. Preguntar en info@perdonradical.es. *(N. de la T.)*.

to online de pérdida de peso asociado con esta estrategia. Acabamos desarrollándolo cuando quedó claro que uno de los efectos colaterales de hacer un taller de Perdón Radical era que los participantes con sobrepeso automáticamente perdían kilos. La grasa estaba sirviendo a una función asociada con sus historias. En cuanto soltaron sus historias, la grasa pudo desaparecer.

Estrategia 8: Reconciliación Radical

Mientras el Perdón Radical se opera sólo por la persona que hace este trabajo de perdón, la reconciliación requiere reciprocidad. Ambas partes deben compartir un deseo de juntarse y conciliar sus diferencias. Existe una plantilla para eso en el marco del nuevo paradigma y es una herramienta muy práctica para ayudar a las personas a lograr un diálogo significativo acerca de cómo alcanzar un encuentro y un terreno común.

Estrategia 9: Duelo Radical

Esta estrategia es tratada en profundidad en el capítulo 26 pero brevemente diré que su propósito es ayudar a los que han sufrido una pérdida a reducir su dolor aplicando algunos de los supuestos del nuevo paradigma a la situación.

Resumiendo, las citadas estrategias y las herramientas que cada una ofrece sencillamente proporcionan un medio de pedir ayuda. Como por ejemplo:

Ayúdame a perdonarme de verdad a mí mismo y a perdonar de verdad a los demás.
Ayúdame a detectar mis proyecciones y mis juicios.
Ayúdame a amar esa parte de mí.
Ayúdame a profundizar en mi capacidad de amor.
Ayúdame a crear lo que necesito.

Ayúdame a ver el verdadero significado de la vida y de la muerte.
Ayúdame a encontrar mi propósito.
Ayúdame a ver la verdad de lo que hay tal como es.
Etcétera.

Necesitamos las herramientas que cada estrategia provee porque el planteamiento de Vida Radical es un camino difícil de seguir. Primero y, ante todo, requiere confianza. Para ser personas despiertas necesitamos confiar en que siempre se nos cuida y se nos guía todo lo que necesitemos. Hace falta mucho valor para vivir de esta manera, pero cuanto más dispuestos estemos a asumir el riesgo de ser fieles a nosotros mismos más se nos protegerá y guiará. Hace falta mucha humildad para estar despierto porque cuanto más conscientes nos volvemos, más nos damos cuenta de lo poco que sabemos y controlamos. La disposición a entregarse a lo que hay se convierte en la clave de la Vida Radical.

Nuestras lecciones se vuelven más difíciles de aprender porque ya no nos podemos esconder. Por ejemplo, viviendo el estilo de Vida Radical, no podemos culpar a los demás por nuestros defectos porque sabemos que sólo nosotros somos responsables de nuestras vidas y que las estamos creando momento a momento. Como personas despiertas, ahora vemos que cada persona que juzgamos nos está reflejando lo que odiamos de nosotros mismos y hemos proyectado en ella esas partes de nosotros mismos que necesitamos amar.

Si queremos vivir de este modo y crecer en el Amor, debemos empezar a entregarnos a lo que hay y aceptar las cosas tal como son, incluso si parecen insoportables. En lugar de atender a lo que otros nos cuentan, si escuchamos a nuestro guía interior y le permitimos ser nuestra auténtica brújula, seremos conducidos a los que es acertado.

Evitando Victimlandia

Como ya hemos visto, si no estamos anclados en el nuevo paradigma, siempre existe la probabilidad de que el marco mental de víctima nos vuelva a seducir. Para reducir dicha probabilidad, introduciré una herramienta de Vida Radical a utilizar cuando algo turbador ocurre y que te ahorrará muchos retornos a Victimlandia, algo a evitar a toda costa.

Volver allí significa caer de nuevo e inmediatamente en la inconsciencia. Vuelve la amnesia espiritual y, sin darte cuenta, quedas atrapado allí durante mucho tiempo. Es como un alcohólico que se ha mantenido sobrio durante un año y se toma un trago. De nuevo está en el fondo y en la casilla de salida. Ocurre lo mismo contigo si caes en Victimlandia. La vieja adicción a la conciencia de víctima toma el relevo y olvidas todo acerca del nuevo paradigma. Puedes quedarte atrapado allí durante mucho tiempo salvo que otra persona te ayude a salir.[45]

El proceso de Emergencia,[46] en 4 Pasos

Es la herramienta que he mencionado antes en la estrategia número tres. Forma parte de la estrategia global de Perdón Radical sobre la que me extenderé más adelante, pero quiero mencionar el proceso ahora porque es la herramienta que seguirás usando regularmente para desarrollar tus hábitos de Vida Radical. Su uso continuado conjuntamente con el de otras herramientas te capacitará para acabar con tu adicción a la conciencia de víctima.

Escribí los siguientes tres artículos inmediatamente después de facilitar entrenamiento a ejecutivos en Suiza en junio 2012 en un taller en el que los asistentes me retroalimentaban acerca de cuán útil se había revelado esa herramienta para mantener su negocio libre de dificultades. Pienso que encontrarás interesantes esos artículos acerca de lo valioso que puede ser ese proceso.

---

45. Por eso necesitas un grupo de apoyo de Vida Radical. Hablamos de ello más adelante.

46. El autor juega con la palabra inglesa *emergency* que se puede descomponer en *emerge-and-see* y suena casi igual. La primera se refiere a «emerger» y la segunda a «emerger-y-ver». *(N. de la T.)*.

Artículo 1. La sabiduría de la sencillez

Mientras estaba dando una clase en Suiza, se me demostró de nuevo que menos es más. *No suelo tener la oportunidad de enseñar al mismo grupo dos veces, por lo que rara vez todo un grupo me retroalimenta. Era el segundo de tres fines de semanas consecutivos de entrenamiento llamados* Espiritualidad en los negocios, *para el mismo grupo de veinte hombres y mujeres de negocio. Lo que dijeron de su primera sesión me sorprendió.*

En dicha primera sesión les había llevado a experimentar las herramientas de Perdón Radical. Les había pedido que las usaran entre esa sesión y la siguiente y que valoraran si les habían resultado útiles y hasta qué punto. Dijeron haber conseguido grandes resultados con la plantilla de Perdón Radical y los 13 Pasos pero fueron casi unánimes en decir que la herramienta más útil y en la que más se habían apoyado especialmente en el entorno laboral había sido el proceso de Emergencia en 4 pasos. *Lo que les había gustado es que era muy rápida, podía ser utilizada en cuanto ocurría algo y que trasformaba la energía en el acto. Además, era fácil de memorizar por lo que no tenían que buscar una plantilla ni escuchar el CD.*

Tengo que admitir que hasta la fecha mi tendencia había sido enfatizar el uso de la plantilla de Perdón Radical y del CD de los 13 Pasos, y sólo de pasada mencionar los 4 Pasos, casi como una ocurrencia. Pero si un grupo de empresarios, directivos y emprendedores encontró que el proceso de los 4 Pasos era con mucho la mejor herramienta tan sólo después de un fin de semana de introducción al Perdón Radical y de cómo podía servir en un entorno laboral, entonces estaba claro que debía tomar nota y hacértelo saber a menos que ya lo hayas descubierto.

Puede ser sintomático de la aceleración general de la velocidad a la que en la actualidad la conciencia está cambiando y evolucionando. Al igual que ahora ya no necesitamos gurús que seguir como hicimos en los años sesenta y setenta, quizás estemos alcanzando el punto en que necesitamos sólo las herramientas más sencillas para recordarnos la verdad interior y acceder fácilmente a ella. Ciertamente, toda la filosofía del Perdón Radical se encuentra contenida en esos 4 Pasos al tiempo que el recordatorio de elegir la paz y evitar la tentación de condenar y sentirse victimizado. Te debes decir sencillamente a ti mismo siempre que ocurra algo malo. Permíteme recordarlo:

1. ¡Mira lo que he creado!
Aceptando que eres el creador de todas las circunstancias de tu vida y que lo que está ocurriendo contiene un propósito.

2. Noto mis juicios y mis sentimientos y me amo de todas maneras.
Reconociendo tu humanidad y siendo consciente de tus sentimientos, juicios y pensamientos.

3. Estoy dispuesto a ver la perfección en la situación.
Dando el paso de Perdón Radical.

4. Elijo la paz.
Ésta aparece en cuanto sabes que todo está en orden divino.

En el momento de escribir esto, empiezo a creer que se me mostró esto a fin de trasmitirlo al mayor número de personas posibles y pudieran comprometerse a memorizar inmediatamente esos 4 Pasos como herramienta que les mantuviese firmes en medio de las tribulaciones que con toda probabilidad iban a ocurrir en los meses siguientes.

Cuando todas las cosas a nuestro alrededor parezcan derrumbarse, necesitaremos realizar ese proceso de los 4 Pasos para recordar la divina perfección inherente a la situación y que la crisis que estamos experimentando, afortunadamente, es tan sólo el preludio del avance hacia una nueva conciencia y forma de ser.

Artículo 2. Un mundo de perdón para 2012

En el anterior artículo en mi blog, he explicado cómo de repente el proceso de Emergencia en 4 Pasos para crear paz en tu vida se había revelado como la primera herramienta de todas las de Perdón Radical utilizadas para trasformar la energía de cualquier situación. Fue una llamada despertadora para mí porque desde el año 2001 había formulado mi misión de la manera siguiente: Trasformar la conciencia del planeta mediante el Perdón Radical y crear un mundo de perdón para 2012.

Me doy cuenta de que 2012 no es necesariamente una fecha cierta para un cambio drástico. No obstante, si las necesidades de la vida a las que nos hemos acostumbrado y tomado como obvias de repente y en cualquier momento se vuelven muy escasas, como el suministro de comida, agua, combustible, trasporte..., y que las estructuras en las que hemos confiado para dar a la vida continuidad, previsibilidad y orden empiezan a derrumbarse, como por ejemplo el sistema financiero, legal e incluso el modo de gobierno tal y como lo conocemos, necesitaremos herramientas espirituales que nos ayuden a atravesar la experiencia con el conocimiento de que, a pesar de las apariencias, todo está en orden divino.

La plantilla de Perdón Radical online o en papel seguirá siendo de mucha ayuda para trasformar la energía cuando podamos reflexionar y dedicarle tiempo. El CD de los 13 Pasos seguirá siendo ideal para escuchar en casa o en el coche, suponiendo que siga habiendo combustible para que funcione. Pero la herramienta con el mayor potencial para cumplir mi misión de crear un mundo de perdón, especialmente durante tiempos de crisis es la de Emergencia en 4 Pasos. Éstas son las auténticas razones que me dieron mis estudiantes en el curso Espiritualidad en los Negocios. *Es fácil de memorizar y, por lo tanto, disponible exactamente en el momento en que la necesitamos, y funciona.*

En el caso de que se den tales tiempos de crisis como parecen vislumbrarse, no será fácil convencer a un gran número de personas asustadas y desorientadas para que aprendan a utilizar las plantillas de Perdón Radical. Sin embargo quizás estén dispuestas a utilizar los 4 Pasos aunque sólo sea para ver si funcionan. Estoy convencido de que funcionarán para ellos aunque no hayan oído hablar del Perdón Radical porque sintonizará con algo profundo en ellos y obtendrán una sensación de paz al hacerlo.

Así pues, mi meta es crear una conciencia plena de masa del hecho de que una herramienta tan sencilla como el proceso de los 4 Pasos puede ayudar a las personas a resistir en tiempos difíciles y a emerger con una conciencia trasformada.

Mi esperanza es que tú, que ya tienes esa conciencia, te aprendas los 4 Pasos de memoria si aún no lo has hecho y encuentres vías de enseñarlos a otros. Si parecen hacer oídos sordos, dejarán de hacerlo cuando todo se derrumba a su alrededor. Vendrán a ti porque notarán que no estás asustado como todos los demás y que siempre pareces saber qué hacer. Y eso es porque estarás recibiendo orientación, suponiendo que estés en un estado suficiente de paz como para recibirla.

Artículo 3. Un cuestión de vibración

En los anteriores artículos he subrayado la necesidad de contar con una herramienta que nos ayude a mantener un espacio de paz incluso cuando las cosas son difíciles y estresantes y he recomendado la herramienta de Emergencia para crear paz en tu vida. En el último decía que, si consigues mantenerte en un estado de paz relativa en situaciones difíciles estarás en condiciones de recibir orientación acerca de qué hacer, adónde ir para estar a salvo y cómo ayudar a los demás. Y esto significa que debemos trabajar en mantener alta nuestra vibración.

El libro Poder contra fuerza *de David Hawkins facilita una útil escala para evaluar nuestra condición vibratoria en cualquier momento en relación con el valor vibratorio de ciertas actitudes. Por ejemplo: la apatía, la culpa y la vergüenza se encuentran en los puestos más bajos, el miedo sólo unos niveles por encima. Por su lado, el perdón, la conciencia, la comprensión y la aceptación ocupan puestos muy altos en la escala. No tanto como los del amor, la alegría y la paz, por supuesto, pero en un nivel suficientemente alto como para mantener una frecuencia que compense a cientos de miles de personas vibrando en los niveles más bajos. Por eso es tan importante que mantengas tu vibración al más alto nivel posible.*

Cuantas más personas entiendan que el colapso de todas las actuales estructuras, formas, sistemas de creencias y comportamientos no coherentes con el principio de la Unicidad es exactamente lo que hace falta, más fácil será. A la inversa cuantas más personas sucumban al pánico y rechacen ver la perfección en lo que esté ocurriendo, más difícil será y más tiempo hará falta para que se opere la trasformación de conciencia.

¿Serás capaz de mantener esa vibración alta incluso cuando las cosas se ponen realmente mal? O ¿te dejarás tú también arrastrar de vuelta al miedo y el desaliento? Ahí es donde herramientas como la Emergencia en Cuatro Pasos entran en juego junto con todas las demás herramientas de Perdón Radical que puntúan muy alto y te ayudarán a mantener una vibración alta incluso en las perores circunstancias porque te recordarán que debes mantener firme tu visión de la perfección divina en lo que ocurre. Incluso en las perores circunstancias podrás crecer en la vibración del Amor.

Mantener una vibración alta te permitirá además recibir orientación acerca de dónde ir, qué hacer y cómo facilitar mejor el cambio. Mientras que si estas asustado y desalentado, no estarás en el estado adecuado para oír los mensajes dados por tus guías espirituales, tu ángel custodio y los demás en el reino angelical que, percibo fuertemente, esperan preparados para asistirnos en crear esa maravillosa visión del paraíso sobre la Tierra. El Perdón Radical es una forma de oración y de petición de ayuda para mantener la disposición a ver la perfección en cualquier situación y los ángeles siempre responden. Te ayudarán pero necesitas una forma de ser en la que puedas oír sus susurros.

Percibo firmemente que sea lo que sea que ocurra en los próximos meses se dará un gran despertar, la emergencia de la humanidad en un mundo de Unicidad y la fusión suprema del paraíso y de la tierra. Por lo tanto necesitamos mantener firme esa gozosa visión aunque estemos experimentando los cambios necesarios para su advenimiento.

Por eso, memoriza el proceso de Emergencia en 4 Pasos y practícalo a menudo para que se convierta en tu segunda naturaleza. Cuando así sea, estarás viviendo con naturalidad el estilo de Vida Radical. No puede ser más fácil.

15. El escenario de paraíso terrenal

Los dos artículos anteriores han suscitado cuestiones que precisan algunas explicaciones, especialmente en lo que se refiere a la posibilidad de que nos estamos dirigiendo hacia un colapso estructural grave a escala planetaria. Como probablemente sabes, profecías a lo largo de los siglos y desde distintas fuentes han anticipado que ese colapso ocurriría en torno a 2012 y que tendría naturaleza de cataclismo. También parecen concordar acerca de las formas que adoptaría. Ninguna es agradable. Aparecen en el Libro de las Revelaciones bíblico así como en los textos tradicionales de los mayas, los hopis y otros pueblos nativos.

El vidente más conocido cuyas predicciones han demostrado ser sumamente acertadas es Nostradamus. Nació en 1503 y predijo muchos acontecimientos globales que se han revelado ciertos y aún hoy en día siguen revelándose. No sólo predijo las dos guerras mundiales sino que nombró a Hitler y describió la esvástica. Predijo también el hallazgo de la penicilina, la aparición del sida, el asesinato del presidente Kennedy y el colapso de la Unión Soviética. Predijo que el *tonto del pueblo* sería elegido como líder de la nación más poderosa del mundo al principio del tercer milenio y anticipó cataclismos a escala mundial más o menos en la misma época, incluyendo cambios masivos en la Tierra y violentos episodios de agitación política. Asimismo mencionó un *rey del terror que llegará de los cielos.* Hay gente que sigue intentando determinar si se refería al 11 de septiembre o si algo peor está por llegar.

Los hopis tenían también muchos videntes que podían ver más allá del reino físico y la verdad. Han acertado mucho en sus predicciones y han abierto para los humanos muchas ventanas al futuro. Mencionaron *Tres grandes temblores* que ocurrirían al final del milenio y el principio del siguiente. Los estudiosos lo ha interpretado como la primera y la segunda guerras mundiales.

El tema más referido acerca de 2012 es el hecho de que el calendario maya termina abruptamente el veintiuno de diciembre de 2012. Algunos ingenuamente lo interpretaron como señalando el fin del mundo, pero el día llegó y pasó sin incidentes. Otros opinan que su significado es el final de una forma de vida tal como la conocemos que puede estar más cerca de la verdad. ¿Quién sabe?

Edgar Cayce, el sanador y clarividente tan respetado, hizo una cierto número de predicciones muy precisas incluida el derrumbe de la Bolsa en 1929 y la Segunda Guerra Mundial. Muchas de ellas para el nuevo milenio se refieren a la agitación política a escala mundial y a *cambios en la Tierra* en forma de cataclismos. Muchas predicciones dicen que la agitación supondrá una limpieza análoga a una crisis curativa y que a ésta le seguirá un Gran Despertar y un gran cambio de conciencia. Sostienen que la primera fase generará muerte y destrucción a escala masiva y que, probablemente, durará unos años. La segunda fase que describen es un largo período de paz, armonía y tranquilidad como nunca han experimentado los seres humanos.

Esto se parece al proceso que hemos estado describiendo para cada uno de nuestros viajes del alma, con un largo período de amnesia espiritual que llega a su paroxismo con una experiencia de crisis que nos impulsa hacia el despertar. La única diferencia es una cuestión de escala.

El conjunto de la raza humana parece estar creando su propia experiencia de crisis antes de romper hacia delante, hacia la nueva conciencia. La crisis financiera de 2008 fue el principio del colapso y en el momento en que escribo este libro parece listo para reproducirse de nuevo. Este momento se asemeja a una calma antes de la tormenta.

¿Cómo se desplegará todo? Realmente no lo sabemos. Pero si ocurre según las profecías estaremos avanzando desde una conciencia enraizada en el miedo, la separación, la avaricia, la culpa y la ira hacia un reino en el que seremos totalmente conscientes de nuestra Unicidad y conviviremos en paz, amor y armonía. Presenciaremos la muerte de la civilización y del orden social tal como los conocemos y el nacimiento de una forma totalmente nueva de vivir y de ser. El largo experimento con la separación habrá terminado.

Si esto es cierto, parece que la raza humana ha alcanzado una encrucijada de elección entre tener el tipo de futuro que implica males masivos, dolor y muerte o bien uno que ofrezca inmediata paz, amor y tranquilidad.

Los que estemos despiertos deberemos mostrarnos proactivos en facilitar el cambio hacia un crecimiento en el Amor. Necesitamos sumar gente al proceso, concienciarla acerca de qué elegir y darles la técnica espiritual que posibilite esa elección. Ése es el propósito de este libro.

Estoy seguro de que si usas las herramientas de Trasformación Radical y das los pasos para elevar tu vibración y afianzar tu aceptación del nuevo paradigma antes del colapso, ayudarás mucho a que el cambio se produzca de forma bastante suave. En ningún momento tu capacidad de expandir tu conciencia en la dirección del Amor será tan crucial como en tales circunstancias.

Es preciso que entremos todos sin miedo en la experiencia, y la única forma de hacerlo es entender que el Amor es todo lo que hay y que estará fluyendo en todo momento sin importar lo que ocurra. Mientras te mantengas despierto y creciendo en el Amor, recibirás la orientación que necesites para permanecer a salvo y poder ayudar a los demás.

Los que opongan mucha resistencia quizá no logren superarlo. Mucha gente necesitará ayuda para cruzar esta experiencia si quieren mantener bastantes altas sus vibraciones como para sobrevivir. Por eso ofrezco entrenamiento en Vida Radical y el Método Tipping al saber que lograrlo con las herramientas de Vida Radical es la mejor esperanza para todos.

Como vimos en el capítulo 14, en este sentido la estrategia de Vida Radical más relevante es la de *Trasformación Radical*. Con ella fomentamos el tipo de conciencia general de perfección en lo que está ocurriendo de cara a los acontecimientos mundiales tal como se suceden. Dicha plantilla está especialmente destinada a aplicar la técnica de Perdón Radical a los acontecimientos turbadores que ocurren ahí fuera en el mundo, tales como desastres, revueltas, inundaciones, terremotos, agitación política y social, etcétera. Su propósito es primero ayudarte a sentir el miedo, o cualquier otra emoción que estés sintiendo, y luego trasformar esos sentimientos de una manera que te permita crecer en el Amor.

Lo que la plantilla de Trasformación Radical pide es:

Paso 1. Describe lo que ocurre en el mundo y qué te altera.

Paso 2. Indica lo que sientes acerca de la situación. La plantilla te da una lista y seleccionas o sugieres más.

Paso 3. Reconociendo que todos solemos tener reacciones viscerales basadas en el viejo paradigma, la plantilla te pide indicar las que tuviste de este tipo.

Paso 4. Te sugiere lo que podrías hacer de forma práctica para marcar una diferencia.

Paso 5. Lee y recita en voz alta la Invocación de Perdón Radical y las dos afirmaciones que siguen antes de datar y firmar la plantilla.

La Invocación de Perdón Radical

Nos apoyamos firmemente en el saber y el consuelo de que todas las cosas siempre estuvieron, están y estarán en orden divino y que se despliegan de acuerdo con un Plan Divino.

Nos entregamos sinceramente a esta verdad la entendamos o no.

Pedimos apoyo consciente para sentir nuestra conexión con nuestra parte divina, con todos los seres y con todas las cosas para poder sentir y decir de verdad que somos UNO.

Paso 6. Lee y recita en voz alta: Después de leer la anterior Invocación de Perdón Radical, ahora me doy cuenta de que lo que está ocurriendo es perfecto y forma parte del proceso de avanzar desde una conciencia basada en el miedo y la avaricia hacia una basada en el amor y la armonía, y que sosteniendo la visión de un mundo sanado, estoy contribuyendo mucho a que la trasformación se opere con bastante rapidez y facilidad.

Paso 7. Lee y recita en voz alta: Aquí declaro que estoy dispuesto a mantenerme en esta vibración alta y resistir la tentación de reaccionar a los acontecimientos con miedo y desaliento. Siempre que me sienta recaer en el miedo, respiraré seis veces profundamente para reorientarme hacia mi centro y mantener mi vibración. Estoy ahora centrado y he soltado la necesidad de mantener lo que sentía en el paso dos. *Elijo la paz.*

Mi firma: _____ **Fecha de hoy:** _____

16. Manifestar una nueva relación

Antes de examinar la mejor manera de manifestar una nueva relación, me gustaría primero desarrollar para ti la cuarta estrategia o Manifestación Radical. Al fin y al cabo, es la estrategia que te proporciona la herramienta con la cual activar el proceso de atraer una pareja.

La Manifestación Radical utiliza la Ley de Atracción para que vivas lo que quieres, en este caso una relación. Es, como el Perdón Radical, una forma de oración laica y recurre a tu Inteligencia Espiritual para que funcione.

Aunque algunas personas la descalifiquen como mero pensamiento positivo, la física cuántica otorga mucha credibilidad a la idea de que creamos nuestra propia realidad con nuestros pensamientos y emociones. Considerando lo que muchos físicos cuánticos han dicho, todo apunta a creer que el poder de manifestar nuestra realidad se encuentra dentro de cada uno de nosotros.

Dichos físicos explican cómo funciona la Ley de Atracción demostrando que la materia se presenta en forma de ola o de partícula. Así existe a la vez como potencial puro y como forma física, siendo real y no real al mismo tiempo. El factor crítico que la lleva de puro potencial u ola a forma física o partícula es la conciencia. Nuestros pensamientos crean nuestra realidad. Cuando elegimos centrarnos conscientemente en algo lo manifestamos.

Queda pendiente la cuestión de qué tipo de conciencia. La mayoría de métodos para manifestar confían en la reprogramación del subconsciente para realizar el trabajo. La Manifestación Radical por su parte elige ignorar totalmente la testaruda mente subconsciente y utilizar nuestra Inteligencia Espiritual. Esa parte de nuestro psiquismo que no se resiste a la idea de que el Universo sea infinita abundancia y de que podemos usar nuestro poder espiritual para manifestar lo que queremos o necesitamos. Puede acceder fácilmente al gran océano de abundancia y atraer lo que sea que necesitemos.

Las herramientas

Como el Perdón Radical, la Manifestación Radical proporciona herramientas que activan nuestra Inteligencia Espiritual. Son la clave para que funcione. Manifestar una pareja servirá de muestra de cómo recorrer el proceso y, aunque ésta no sea tu actual prioridad, sigamos con ello como modo de establecer los principios.

Los 6 Pasos del proceso de Manifestación

Los cuatro primeros se desarrollan como fenómenos mentales y emocionales. Los dos últimos derivan de la práctica espiritual y son más difíciles de dominar. Sin embargo, son los más importantes porque es a través de ellos que conectas con tu Inteligencia Espiritual. Esos pasos son:

1. Tomar conciencia de la necesidad.
2. Aclarar y dar detalles precisos de lo que quieres.
3. Visualizar que ya lo tienes.
4. Sentir las emociones de poseerlo ya.
5. Entregarlo todo al Espíritu.
6. Soltar todo apego por tenerlo.

Paso 1. Tomar conciencia de lo que quieres

Curiosamente este paso resulta difícil para algunas personas. Se muestran incapaces de conseguir claridad acerca de lo que quieren. Mucha gente también confunde ponerse metas con manifestar. Ponerse metas se refiere a hacer algo o realizar algo mientras que manifestar se refiere a atraer algo que aún no tienes. Y ese algo debe ser tan tangible y concreto que puedas reconocerlo cuando aparezca. Una relación se conforma a esos requisitos y para ti, si es lo que quieres crear, ese primer paso no será un problema.

No obstante, ahora es una buena idea preguntarse *¿por qué?* ¿Por qué quiero esa relación? ¿Qué necesidades va a satisfacer? ¿Es para llenar un vacío en mí? ¿Acaso me siento incompleto sin alguien que me haga sentir completo? ¿Necesito a alguien que cuide de mí y me haga sentir a salvo? ¿Necesito cuidar de alguien para sentirme realizado? ¿Busco a alguien que cuide de mis hijos? ¿Necesito a alguien porque me siento solo? ¿Disfruto más de la vida si tengo a alguien con quien compartirla? ¿Necesito una pareja sexual?

Éstas son preguntas muy importantes que debes hacerte antes de proseguir hacia el paso dos. Tus respuestas determinarán las cualidades específicas que deseas encontrar en la persona y en la relación. Debes hacer una lista de ellas sin juzgarlas. Sé totalmente honesto contigo mismo. En este punto sólo quieres percibirlas y anotarlas. Una vez tengas tu lista, entonces, las evalúas y miras cuáles de ellas indican lo que necesitas trabajar un poco más antes de crear esa relación.

Paso 2. Da detalles precisos de lo que quieres
Después de tomar conciencia del deseo ahora es importante aclarar con precisión el tipo de relación que estás pidiendo. Haz una lista de todas las cualidades que quieres encontrar en una pareja. Mucha gente probó esto y tuvo éxito en manifestar una buena pareja.

No obstante ten cuidado. Tenía una amiga que lo hizo y apareció alguien que parecía ser la respuesta a sus plegarias en todos los aspectos. Se casaron, pero pronto se dio cuenta de que había pedido todas las características correctas salvo el requisito de ¡que fuera capaz de amarle! Se divorciaron poco después.

Así que convierte este ejercicio en una profunda reflexión acerca de qué tipo de pareja quieres que aparezca y también a qué debe parecerse la relación. Presta igualmente atención a lo que tú aportas a la relación. Asegúrate de que concuerda con tus valores y los respeta. Y asegúrate de expresar las cosas que no quieres de un modo positivo. Por ejemplo, si no quieres a alguien tacaño con el dinero, pide generosidad y trasparencia acerca del dinero. Merece mucho la pena dedicar tiempo a hacer esta lista con cuidado y dedicación.

El poder de la palabra y de las emociones

Cuando ya sabes lo que quieres en una pareja y concuerda con tu modelo de buena relación, redáctalo. Siempre que pones palabras en algo, le das poder. Las palabras acarrean mucha energía y son poderosamente creativas, especialmente si van acompañadas de energía emocional. Por eso asegúrate de utilizar términos que evoquen sentimientos.

Una vez hecha tu lista y todo este redactado, léelo en voz alta. Es sumamente importante y aun más poderoso si se lo lees a otra persona y mejor aun a un grupo de personas mientras estén alineadas contigo en conciencia y así puedan multiplicar la energía de una forma notable. Si eres miembro de un Grupo de Poder[47] entonces diles lo que quieres. Esto sería lo ideal.

Siempre en tiempo presente

La mente subconsciente no tiene noción de futuro. Opera sólo en presente. Por eso siempre debemos hablar o escribir algo en presente aunque suene horrible o sea gramaticalmente incorrecto. No digas nunca *disfrutaré con una pareja para compartir mi vida* sino *disfruto con mi pareja, quien alegremente comparte mi vida ahora, día tras día.*

Hecho está

Por las mismas razones, debes hablar de tu intención como hecha y recibida ya. Si dices *quiero una relación* estás dando poder a la palabra *quiero* y entonces seguirás teniendo el resultado de la palabra que has potenciado, *querer.* Así debes decir que lo *tienes* ahora. *Hecho está.* Al

---

47. Existe uno en español a través de Whatsapp o por intermediario de la coach Lola Lucia. Más información en info@perdonradical.es. *(N. de la T.).*

decir *hecho está* te alineas con el paradigma metafísico de la realidad y con lo que tu Inteligencia Espiritual sabe ser la verdad.

Formula un plazo

Habiendo dicho que el tiempo no es un factor relevante, sin embargo, hay una buena razón para incluir siempre una escala de tiempo en la formulación de tu intención. Aunque no haya una real distancia entre algo plegado en el gran océano de potencial infinito y su materialización, es probable que nuestra Inteligencia Espiritual tampoco tenga conciencia del tiempo. Así que podría despistarse con el plazo. Si lo incluimos en nuestra formulación, lo tendrá en cuenta.

Ten cuidado no obstante de asegurarte que al dar algún plazo no estás reforzando la idea de futuro y saques el texto del tiempo presente. Ahí es cuando la gramática se vuelve loca. Por ejemplo: *he encontrado mi pareja perfecta de vida a finales de año.*

Paso 3. Visualizar la relación deseada

Si la palabra es poderosa, también es cierto que una imagen vale más que mil palabras. Crear una imagen en tu mente de qué aspecto tendrá tu relación será otra forma de conseguir claridad y dará más poder a tu intención. Más importante todavía es construir una imagen en tu mente ya que es otra manera de decir que ya está hecho especialmente si te ayuda a activar las emociones que sentirías con su manifestación.

Así, asegúrate cuando construyas tu imagen de incluir elementos con significado de presente, no de futuro. La imagen debería estar diciendo *está aquí ahora.* También puedes aumentar el poder de la imagen dándole un formato enorme. Ponle sonido y que los sonidos sean buenos y altos. Conviértela en un espectáculo emocionante con tantos efectos especiales y estéticos, y estimulación acústica como sea posible.

Paso 4. Siente las emociones de estar ya en la nueva relación

La emoción es un elemento clave del proceso de manifestación, no sólo los sentimientos como la excitación de la anticipación y la expectación sino las sensaciones que produce darte cuenta de que tu pareja ya forma parte de tu vida. ¿Qué sentirías? Imagínatelo y procura generar esas sensaciones y luego asócialas con las palabras que has utilizado en el paso 2 para articular lo que quieres en la relación. Reforzarás mucho la idea de que lo que has pedido ya ha sido recibido.

Paso 5. Entrégalo todo al Espíritu

Lo que ya hemos hecho con los primeros 4 Pasos puede ayudar a cualquiera que trabaje tanto desde el viejo como desde el nuevo paradigma, pero a partir de aquí el proceso depende enteramente de la disposición a trabajar en concordancia con los supuestos del paradigma metafísico, excluyendo por completo los que pertenecen al actual paradigma de *escasez*. También es la parte en que la Manifestación Radical deja de ser gimnasia mental para convertirse en práctica espiritual.

Es cuando damos las gracias a nuestra mente consciente por apoyarnos hasta aquí al darnos las palabras, las imágenes y las emociones. Pero, de ahora en adelante, le negamos cualquier otra implicación y sea lo que sea el parloteo que nuestra mente proponga, no le prestamos ninguna atención. Ahora estamos trabajando con una autoridad superior y delegando en ella y no accedemos a ella desde nuestra mente sino a través de nuestra Inteligencia Espiritual. Después de haber invertido bastante energía en determinar nuestras intenciones, clarificarlas, articularlas y sentir las emociones, la tarea ahora es remitirlo todo a nuestro yo superior. Sólo él sabe lo que es mejor para nosotros.

Pero cuidado, no es una receta para la apatía, la pasividad o una actitud fatalista. Simplemente nos dedicamos a *hacer nada* y dejar que el Espíritu se cuide de todo. El principio aquí no es la dependencia sino la cocreación. Para ti significa hacer lo que tengas que hacer para crear oportunidades de conocer gente, quizás apuntarte a una web de citas online o acudir a ciertos lugares y permanecer activo en tu vida. Aquí puede tener su lugar el proponerse el objetivo de pasar dos horas por semana online conociendo a gente. Las metas son cosas que controlas mientras que, en el caso de la manifestación, es el Espíritu a través de tu yo superior quien decide qué, cómo y cuándo. Y eso tiene que estar incluido en tu Plan Divino para funcionar, lo cual me lleva al último paso.

6. Soltar todo apego por tener la relación

Éste es el paso más difícil de todos. Después de haber invertido mucha energía en generar el deseo, visualizarlo y sentir el gozo de por fin tener a alguien maravilloso en tu vida ¿ahora vas a tener que renunciar a la necesidad de tenerlo? ¡Qué desastre! Eso es muy duro. Sin embargo es crucial porque, al soltar tu apego por tener la relación de una cierta manera, te quitas de en medio. Eso te coloca en el estado de *permitir* que ocurra en lugar de *hacer* que ocurra.

De todas maneras, podemos admitir que ese paso es más de lo que como humanos podemos realizar. El paso cinco ya es difícil pero éste es casi imposible. Sin embargo recuerda que sólo tienes que estar *dispuesto* a soltar tu apego en tenerlo. Así que ésa debe ser la práctica. Sigue diciéndote que estás dispuesto a no tener ningún apego por tenerlo y no confundas el desapego con la resignación o la desconexión. Dejar fluir no significa rendirse.

Muy bien, ése es, pues, el proceso. Pero me gustaría sugerir algunas reglas que quizá quieras seguir para estar seguro de que la relación que manifiestas te aportará el tipo de crecimiento en el Amor que deseas.

REGLA 1: *Deja pasar bastante tiempo entre abandonar una relación y empezar a pensar en crear otra.*

Se tarda mucho más tiempo del que imaginas para desvincularse energéticamente de una previa relación, sobre todo si fue profunda y larga y aún más si la separación fue dolorosa. Con hijos de por medio, el problema se agrava aún más. Si saltas directamente a otra relación, las probabilidades de arrastrar en ella los temas no resueltos en la anterior son muchas, recreando la misma dinámica que puede haber causado su ruptura.

Soy consciente de que en muchas ocasiones conocer a otra persona y enamorarse de ella puede haber precipitado esa ruptura. En tal caso, la nueva relación ya existe antes de que la anterior termine. No obstante, los miembros de una pareja sabia se organizarán para que cada uno tenga la oportunidad de vivir solo durante un tiempo antes de mudarse juntos. Sugiero seis meses y aun mejor un año por las razones que doy en la regla cuatro más adelante.

Como he mencionado anteriormente, el hombre parece tener más necesidad de encontrar rápidamente una nueva pareja y, a menudo, forzará una relación mucho antes de lo que el sentido común suele aconsejar. Presionará aún más si está buscando una madre para sus hijos si los tiene. En tal caso, será la mujer quien tenga que resistir las prisas por vivir juntos e insistir en tener el tiempo que necesite para estar sola. Si él no está dispuesto a permitirlo será la señal de alarma de que no se la merece.

REGLA 2: *Haz el trabajo de Perdón Radical sobre tu anterior pareja antes de empezar a manifestar una nueva.*

No me refiero a rellenar sólo una plantilla. Trabaja con varias hasta que no quede energía en la situación, nada de enojo, nada de resentimiento, nada de celos, nada de dolor, nada de remordimientos. Evidentemente, esto requiere algo de trabajo pero si quieres que tu nueva relación funcione es esencial que sueltes todas esas energías. Es por eso que necesitas mucho tiempo para estar solo, hacer este trabajo y saber quién eres antes de crear una nueva relación. Muchas personas nunca han vivido solas y por eso no tienen ni idea de quiénes son sin compañía. ¿Cómo puedes crecer en el Amor si no sabes quién eres y te sientes menos que completo sin una pareja?

Aunque hayan pasado bastantes años desde tu última relación y hayas querido manifestar una nueva desde hace cierto tiempo, necesitas hacer el trabajo de Perdón Radical en tu anterior pareja. Los residuos de energía pueden ser la auténtica causa de no haberla manifestado ya.

REGLA 3: *Sé claro acerca de lo que quieres y no quieres en una relación*

Utiliza el cuestionario del capítulo 6 para establecer tus valores y tus límites. Consigue definirlos bien y comprométete a serles siempre fiel.

A la hora de hacer la plantilla de Manifestación Radical, te pedirá hacer una lista de los atributos que deseas encontrar en la persona que estarás manifestando, por eso cuanto más atención le dediques ahora a esta tarea, mejor. Reflexiona un tiempo y en profundidad acerca de las cosas más importantes que quieres en una nueva relación.

REGLA 4. *Verifica a tu futura pareja al menos durante seis meses antes de comprometerte. Sé como un detective*

Yo he descrito que para crear una relación que produzca muchas unidades kármicas para ambas partes, atraes en tu vida alguien que parece absolutamente perfecto. Después de haber alcanzado cierto grado de intimidad[48] y después de que estés enganchado, la persona empieza a revelar el hombre o la mujer real que está detrás de la máscara y, de golpe, se convierte en otra diferente a lo que creías y la relación parece un desastre.

No te podría decir las veces que he oído a alguien decir que ha encontrado su alma gemela, la pareja perfecta, amorosa y atenta, y que seis meses después se convierte en un o una déspota. Obviamente, es una fantástica manera de generar la experiencia de separación pero no es lo que deseas manifestar esta vez.

Así pues, si empiezas a salir con alguien, sigue atento a esta posibilidad y no te comprometas a una relación vinculante hasta haber al-

---

48. El autor juega en el original con el sonido de la palabra inglesa *intimacy* («intimidad») dando lugar a *into-me-see* («en mí ves»). Así quiere dar a entender que la intimidad lleva a ver en la otra persona lo que realmente es. *(N. de la T.)*.

canzado este estado de relación en que ambos están tan cómodos juntos que empiezan a ser auténticos. Puede ser sutil al principio pero un estallido o dos te darán una idea de lo que puede venir más tarde.

Recordarás que hay tres maneras posibles de responder a ese cambio. La primera es reconocer que si el nuevo comportamiento sobrepasa tus límites y va en contra de tus valores, dejas la relación en el acto.

La segunda es comprometerte a un período de prueba más para ver si después de haber salido a la luz el comportamiento desaparece una vez que has establecido claramente tus límites y dejado bien claro lo que quieres y lo que no. La gran trampa aquí, sin embargo, es creer que tienes el poder de cambiar a la otra persona. No lo tienes.

Es habitual que las mujeres se digan a sí mismas: *si le amo lo suficiente cambiará y se convertirá en lo que quiero que sea*. Esto nunca ocurre, así que abandona esta estrategia ahora mismo.

Esta opción es sólo viable si estás dispuesto a comprobar si el comportamiento desaparece completamente durante un período de doce meses. Si no lo hace, esto significa que la relación es potencialmente problemática y deberías plantearte dejarla.

La tercera opción es asentarse. Es cuando a causa de tu fuerte necesidad de relación estás dispuesto a tolerarlo mientras el otro siga contigo. Elegirás esta opción sólo si quieres experimentar mucho más dolor y sufrimiento.

Una de mis clientas había experimentado este *cambio de personalidad* ya dos veces y estaba determinada a no repetirlo. Llamó por teléfono a la anterior esposa y le preguntó en profundidad cómo era él. La exesposa se dio el gustazo de contárselo todo, tanto lo bueno como lo malo. Mi clienta aprendió mucho de ella y acabaron siendo buenas amigas. Finalmente se casó con el hombre y el matrimonio salió bien. Es una estrategia arriesgada pero es una forma de descubrir si hay un lado oscuro en el otro. No conoces a nadie hasta que convives con él o ella, así que vale la pena preguntar a alguien que ya lo ha hecho antes de arriesgarte tú.

Plantilla para crear una nueva relación

1. Tengo la gran intención de manifestar a alguien (hombre o mujer) con quien tener una relación de amor hacia _____ (dar un marco de tiempo).

2. Las razones por las que estoy creando esta relación ahora son:

_____

_____

_____

3. Marca las casillas de la lista siguiente que corresponden con los valores que debe tener tu pareja. Luego rodea con un círculo las cinco más *imprescindibles*.

❑ Lealtad   ❑ Honestidad   ❑ Fidelidad   ❑ Confianza
❑ Humildad   ❑ Deseo de hijos   ❑ Sentido del humor
❑ Tolerancia   ❑ Mi tipo de espiritualidad   ❑ Sensibilidad
❑ Autosuficiencia   ❑ Fuerza   ❑ Voluntad   ❑ Integridad
❑ Dinamismo   ❑ Competitivo   ❑ Atento
Otro _____   Otro _____

Desarrolla los cinco *imprescindibles* diciendo por qué son tan importantes y qué significan para ti.

a) _____

_____

_____

b) _____

_____

_____

c) _____

_____

_____

d) _____

_____

_____

e) _____

_____

_____

4. ¿Qué otras cualidades y atributos desearías ver en tu pareja ideal y como características de tu relación?

_____

_____

5. Marca las casillas de los siguientes valores que aportas a la relación. Luego rodea con un círculo las que no darán lugar a compromisos bajo ningún concepto.

❏ Lealtad ❏ Honestidad ❏ Fidelidad ❏ Confianza
❏ Humildad ❏ Deseo de hijos ❏ Sentido del humor
❏ Tolerancia ❏ Mi tipo de espiritualidad ❏ Sensibilidad
❏ Autosuficiencia ❏ Fuerza ❏ Voluntad ❏ Integridad
❏ Dinamismo ❏ Competitivo ❏ Atento
Otro _____   Otro _____

6. Haz una lista de las demás cualidades, atributos y recursos que puedes y quieres aportar a la relación.

_____

_____

7. Ahora cierra los ojos e imagínate en una relación con la persona de tus sueños y utiliza tus sentidos *creativos* de una manera mucho más expansiva y exagerada para tener la plena sensación de disfrutar de esa relación AHORA. *En tu imaginación:*

Lo que ves es: _____

_____

Lo que oyes es: _____

_____

Lo que hueles es: _____

_____

Lo que saboreas es: _____

_____

Lo que sientes o percibes es: _____

_____

Formula esas sensaciones y construye una *grandiosa* imagen en tu mente para sentir cómo creces en el Amor como resultado de tener esa relación real ahora.

8. Repite estas declaraciones en voz alta y con convicción:

a) Ahora me doy cuenta y reconozco que mi Inteligencia Espiritual y el Universo quizá tengan algo en mente para mí diferente de lo que he pedido. Así lo entrego todo al Espíritu y me entrego totalmente a lo que pueda venir.

b) Por lo tanto, ahora declaro mi confianza total en que el Universo me dará lo que corresponde con mi bien supremo y siento amor y gratitud hacia el Espíritu que se encuentra en mí y en todas las cosas.

c) Me entrego totalmente al Espíritu ahora y suelto todo apego a que la relación aparezca de cierta manera sabiendo que la he manifestado y que reconoceré su perfección cuando la vea.

d) Me siento totalmente reconectado con mi Fuente y sé que me encuentro inmerso en pura abundancia. Estoy abierto a recibir la abundancia continuamente.

¡Hecho está, y así es!

17. Dinero Radical

No puedo dejar esta sección sobre Vida Radical sin decir algo acerca del dinero incluso con el riesgo de ser acusado de repetir lo que ya mencioné en mi otro libro: *Manifestación Radical. El arte de crear la vida que quieres.*[49] Aunque hagamos todo el trabajo de perdón y de autoperdón que necesitemos hacer y logremos cierto grado de éxito manifestando cosas pero seguimos fallando a la hora de ajustar nuestra conciencia en torno al dinero, no lograremos un alto nivel y una calidad constante de vibración que concuerde con el estilo de Vida Radical.

Tampoco nos expandiremos de verdad en el Amor si el dinero nos inspira temor. De hecho, es el tipo de relación que la mayoría de nosotros mantiene con él, viviendo tal como hacemos en el prevaleciente paradigma del miedo. Entregamos nuestro poder al dinero y le permitimos definir quiénes somos. Usamos el dinero como símbolo de poder, estatus, posición social y éxito, todos sujetos a sernos arrebatados en un instante porque no son reales. La gente dice que le gusta el dinero pero en realidad lo odia porque tiene mucho miedo de perderlo.

Durante la fase de amnesia espiritual, el dinero nos sirve claramente y muy bien para crear toda clase de dolor de separación. Pero si queremos alcanzar cierto nivel de conciencia espiritual en el contexto de la filosofía de Vida Radical, necesitamos apartarnos de todas esas actitudes relativas al dinero enraizadas en el miedo y adoptar las que

---

49. Ya publicado en español por Ediciones Obelisco.

están más en línea con el nuevo paradigma. Los supuestos que damos a continuación se encuentran en el libro *Manifestación Radical*, pero merece la pena repetirlos aquí porque son fundamentales para el logro de una conciencia elevada en torno al dinero. Son los siguientes:

El dinero no tiene valor intrínseco. Sólo tiene valor cuando se intercambia por algo de valor real y entonces deja de todas maneras de ser dinero. Conseguir dinero no es un fin en sí mismo. Lo que importa es el propósito al servicio del cual lo pones.

El dinero es energía. El dinero se rige tanto por la Ley de Atracción como cualquier otro tipo de energía. Fluye naturalmente hacia quien más dispuesto está a recibirlo, usarlo y no tener problemas en pedirlo para intercambiarlo por algo de valor.

No hay escasez de dinero. Como el dinero es energía y ésta no tiene límites, el dinero es ilimitado. En este mismo momento toneladas de dinero están circulando, más de lo que puedes imaginarte. Y se sigue imprimiendo más. Cuanta más gente hay en el planeta, más dinero hay. Sigue multiplicándose. Hay tanto dinero en el sistema como éste exige. Cuanto más damos, prestamos, gastamos y creamos valor con él, más se expande.

La abundancia es la condición natural del Universo. La idea de abundancia infinita es fundamental para una conciencia del dinero de Vida Radical. De todas maneras, la mayor parte de las cosas que nos gustan son gratuitas. No hace falta dinero para que brille el sol, para la lluvia, una sonrisa, una palabra de ánimo, una caricia, un beso, el canto de un pájaro, el perfume de una flor, etcétera. En realidad, cuando te paras a pensar, gran parte de lo que nos encanta acerca de la vida llega sin necesidad de tener dinero. Mientras tengas comida y un lugar cálido y confortable para vivir, todo lo demás es relativo.

El dinero no tiene poder. Cuando nos volvemos conscientes del poder que tenemos para crear las circunstancias de nuestra vida, descubrimos que no estamos más a merced del dinero que de cualquier otra circunstancia. La auténtica fuente de nuestro poder se encuentra en nuestro interior y no se le niega a ninguna persona del planeta acceder a ella. Todos somos igualmente poderosos en este sentido sin que importe el dinero que tengamos.

El dinero nos da la libertad de elegir. Es cierto que cuanto más dinero tenemos, más posibilidades tenemos a la hora de elegir cómo vivir. No obstante, son las cosas que uno elige las que determinan la felicidad, no la cantidad de dinero que uno tenga.

El dinero es nuestro instructor. Como seres espirituales teniendo una experiencia humana, estamos bendecidos por la capacidad de experimentar la vida y acceder a nuestro poder a través de nuestros sentimientos. El dinero provee muchas oportunidades de sentir nuestros sentimientos y así de crecer y aprender. No se trata de si tienes o no dinero, sino de cómo te sientes al respecto. Eso es lo importante.

La historia de tu conciencia del dinero

Sabemos ahora que la conciencia crea la realidad, por eso si deseas saber cuál es la tuya acerca de algo, mira cómo se manifiesta en tu vida. Revisa tu historia con el dinero para ver cómo ha funcionado en tu existencia hasta ahora y decide cómo te quieres relacionar con él de ahora en adelante.

Al igual que has hecho en capítulos anteriores, dibuja una línea del tiempo y esta vez anota tus ingresos anuales hasta hoy. Tómate el tiempo para ser tan preciso como puedas, especialmente con los importes más altos y los más bajos. No sólo te mostrará a qué se parece tu programa con el dinero, sino también tu *límite de ingresos subconsciente* más allá del cual tu mente no te dejará avanzar más que una vez si no ninguna. Esto también te indicará tu *punto de partida* para el programa online[50] si decides hacerlo.

Sea cual sea el patrón, indica tu conciencia del dinero. Y necesitas comprender que sólo tú eres su creador y controlador. Anota cuál es tu *nivel de confort* y si, como en el ejemplo siguiente, tuviste un *pico* que superó la zona de confort y nunca se volvió a repetir.

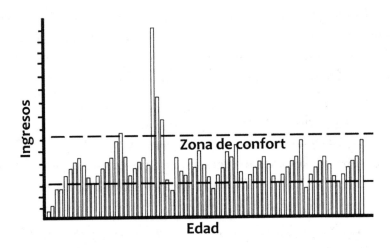

Ilustración 7. Tu historia con el dinero

Suponiendo que tu modelo se parece a éste, la cuestión que se plantea entonces es ¿qué parte de tu conciencia hizo que te quedaras dentro de la zona de confort e impidió que el flujo de dinero llegara más allá? ¿Qué parte de ti decidió no repetir nunca el gran pico porque le dolió superar su límite?

Evidentemente, la respuesta es tu subconsciente. Muy en el fondo conservas toda una batería de creencias y supuestos acerca del dinero

---

50. Sólo disponible online en inglés o en español a través de coaches acreditados. *(N. de la T.)*.

que aprendiste en la infancia con tus padres y tu entorno social. Esas creencias son como giroscopios siempre activos para mantenerte alineado con tu zona de confort de acuerdo con tu programación acerca del dinero. ¿Cuáles de las creencias siguientes reconoces que forman parte de tu conciencia del dinero?

❏ Hay que trabajar duro para tener dinero
❏ El dinero no sale de debajo de las piedras
❏ Tengo que luchar para tener dinero
❏ El dinero es un bien escaso
❏ El dinero es fuente de todo mal
❏ Detrás de cada fortuna hay un gran crimen
❏ No puedo pedir dinero
❏ El dinero genera demasiados problemas
❏ El dinero es para la clase alta
❏ La gente con dinero es sospechosa
Otra: _____

Dinero y clase social

Uno de los factores que ayudan a determinar tu conciencia del dinero es la clase social y la cultura en la que te criaste. Esto tendrá mucho peso, aunque desde entonces hayas pasado a otra clase social, esperemos que hacia arriba.

El vínculo entre el dinero y la clase social varía de país a país. En Estados Unidos, por ejemplo, el vínculo entre dinero y éxito, estatus y poder es bastante fuerte. Forma parte esencial del sueño americano de que todos, sin importar de dónde vienen, pueden alcanzar la prosperidad trabajando duro y con perseverancia. Por eso, toda persona que *lo consigue* está bien considerada y puede fácilmente subir de clase social. La clase a la que perteneces no limita tu potencial de ingresos tanto como en otros países, en los que el hecho de provenir de una familia acomodada es claramente una ventaja.

No sucede lo mismo en Inglaterra. La escuela a la que fuiste, la forma en que hablas, los contactos de tu familia, cómo tu padre se ganó la vida, etcétera, significan muchísimo más que el dinero que puedas tener. Aun peor, hay factores que determinan toda la vida sin que influyan tus futuros ingresos. La clase a la que perteneces influye poderosamente en las expectativas que puedas tener de cuánto dinero se supone que ganarás. Es muy sutil y complejo. El sistema de clases tiene un gran efecto en la conciencia del dinero de la gente y es muchísimo más difícil de superar que en América.

Incluso en Estados Unidos, las expresiones *clase trabajadora, cuellos azules* y *clase media* tienen ciertas connotaciones en relación con sus respectivos niveles de ingresos probables. La gran mayoría de personas incluidas en esas categorías, especialmente las dos primeras, suelen ser personas con *empleos* en contraste con las que tienen negocios propios. Y todos sabemos que muy poca gente se enriquece trabajando como empleado durante toda su vida, excepto algunos directivos.

Cada clase social tiene una *conciencia colectiva del dinero,* lo que significa que todos sus miembros comparten una serie de creencias, actitudes, expectativas y limitaciones y están de acuerdo en relación con el trabajo y el dinero, aunque sea inconscientemente.

Cualquiera que dé un paso fuera del ideal colectivo será objeto de reacciones por parte de los demás en menor o mayor medida.

Así pues, procura tener en cuenta la influencia que puede haber tenido el dinero sobre tu conciencia. Si ha sido muy positiva y te ha apoyado para que goces de prosperidad y altos niveles de ingresos, da gracias. Si la tendencia ha sido mantenerte limitado, necesitas decidir qué hacer para contrarrestarla, en el mejor de los casos sin perder amigos ni crear tensiones en tu familia cuando parezcas *traicionar tus raíces* o volverte *superior* o *mejor*. Subir de escalón social sin duda puede plantear algún tema de *lealtad* con los amigos y la familia.

Dinero y valores

El significado que el dinero y la riqueza tengan para ti y las formas en que añadirán valor a tu vida están en gran medida gobernados por el sentido que das a tu vida. Éste puede variar de acuerdo con las circunstancias y en qué etapa de tu vida te encuentras. Lo que es importante para ti con veinte años sin duda será diferente cuando tengas sesenta.

Ahora bien, hasta cierto punto es posible que las limitaciones impuestas por tus circunstancias económicas hayan definido tu vida. Si eras muy pobre, vivías en una comunidad empobrecida, entonces el significado de la vida tenderá a ser conseguir más que la mera supervivencia. Por otro lado, si te criaste en una familia muy acomodada y si la fuente de ingresos mediante el negocio familiar se trasmitió de generación en generación, el sentido de tu vida puede haber sido definido como convertirte en el próximo líder del negocio familiar, te convenga o no. Tanto en el primero como en el segundo escenario, no es probable que estuvieras viviendo el propósito de tu vida porque no lo habrías elegido.

Sin embargo, ambos pueden presentar cierta medida de confort puesto que en cierto sentido definieron tu vida, no tuviste que pensar más allá. Cuando te adhieres al estilo de Vida Radical tienes que empezar a asumir la responsabilidad de crear tu propia vida. Y para esto necesitas un sentido de propósito.

Es importante porque sin un fuerte sentido de propósito, el dinero tendrá muy poco valor para ti. El dinero en sí no tiene valor, lo que importa es lo que haces con él y esto depende de tus propios valores. Tus valores tienden a definir quién eres y marcan el propósito de tu vida, especialmente una vez has despertado. Antes de ello tendías a centrarte en hacer dinero por motivos basados en el miedo. Pero ahora tus valores pueden haber cambiado. Como hemos, visto es muy probable que servir sea más atractivo y satisfactorio y que el propósito de tener dinero sea apoyar ese sueño. Bill Gates, el CEO de Microsoft, una de las personas más ricas del planeta, es un buen ejemplo de ello.

Utiliza los billones de dólares que tiene para llevar sanación a millones de personas en el planeta.

Entonces ¿cuál es tu propósito? ¿Tienes algún sueño que alcanzar? ¿Una misión, quizás? ¿O no? ¿Estás satisfecho ahora con tu trabajo o tu vida? ¿Qué te falta? ¿Renunciaste a algún sueño para adaptarte a las necesidades o las exigencias de otros? ¿Vendiste un sueño a cambio de seguridad, conformidad, amor, dinero, estatus, poder? ¿Estás buscando un propósito? ¿Es hora de ir a por él?

Sea cual sea el propósito que descubras para ti siempre será secundario al hecho de ser sencillamente tú mismo. Éste es tu propósito primario. Todo lo demás es secundario. Por eso, concéntrate en crecer en el Amor y sólo en ser Amor sea lo que sea que estés llevando a cabo como propósito.

Ahora contaré una anécdota sobre cierto departamento de un hospital en el que fueran cuales fueran los pacientes y sus enfermedades, todos mejoraron drásticamente. Durante semanas las autoridades investigaron en vano para determinar qué marcaba esa diferencia. Al final la descubrieron, y era que la persona que limpiaba los suelos en aquel departamento irradiaba una energía amorosa. Decía poco o nada mientras trabajaba. Tan sólo era Amor. Era su propósito y lo estaba viviendo en silencio y con humildad.

Dicho esto, nuestro viaje humano puede involucrar otras intenciones específicas de naturaleza espiritual que acordamos llevar a cabo antes de la encarnación o que recogimos a lo largo de nuestra vida. Son completamente secundarias en relación con la principal de vivir como ser humano. Se orientan más bien hacia servir a los demás de un modo profundo y significativo y puede llevar a compartir dotes y talentos propios.

Un monje budista, conocido de una buena amiga mía, Darryl Dennis, dijo algo que cambió su vida y le proporcionó su misión de vida: *Toda persona debe tener la oportunidad de contribuir con una parte de sí misma en algo más grande que ella misma al menos una vez durante su existencia. De lo contrario, sentirá que su vida no ha tenido sentido ni propósito.* Desde aquel momento la misión de Darryl ha sido instruir a las personas a contribuir con los demás y mostrar que la sola intención de dar valor es una poderosa estrategia de negocio.

Cuando hayas terminado tu análisis y hayas determinado la naturaleza de tu viejo programa con el dinero puedes empezar el proceso de crear uno nuevo. No obstante, la cuestión no es intentar cambiar el programa existente en tu subconsciente que sólo puedes conseguir utilizando tu Inteligencia Espiritual para invalidarlo completamente. Lo que haces es adoptar los supuestos con base espiritual listados al principio de este capítulo. Lo logras usando las plantillas de Conciencia del Dinero conjuntamente con la de Manifestación Radical. Sólo es usando esas plantillas y el CD de los 13 Pasos que multiplica las plantillas que el cambio puede llevar a cabo.

Con el tiempo desarrollarás la confianza inquebrantable en que al no existir escasez de dinero, tus necesidades siempre serán satisfechas y que se te proveerá abundantemente en todo momento. En lugar de estar asustado a causa del dinero, empezarás a relacionarte con él con felicidad y alegría, sin importar cuánto fluye en tu vida en cierto momento.

Eso es por concienciarte de que dispones de la facultad natural de atraer dinero siempre que lo necesitas, lo cual te permite vivir tu propósito, manifestar tus sueños y adherirte al planteamiento de Vida Radical acerca de la vida y el dinero. Te abrirás mucho a recibir dinero de cualquier fuente y sentirás la gran necesidad de compartirlo generosamente con los demás, de usarlo de formas que marcan una diferencia para los demás y para ti. Sentirás el gozo de ser generoso con el dinero, sabiendo que hay mucho más en las tuberías espirituales. Terminarás no sintiendo ningún apego hacia el dinero porque sabrás que siempre se manifestará cuando lo necesites.

Sin embargo, tal grado de trasformación de tu conciencia acerca del dinero requiere práctica y una conciencia permanente de tus sentimientos y pensamientos siempre que estés tratando con él, especialmente cuando estás en posición de superar tu marca o de operar fuera de tu zona de confort. Actualmente, muy pocas personas logran operar de verdad desde el paradigma de abundancia total, por eso deberás ser paciente contigo mismo.

Practica creando dinero frecuentemente con las plantillas, pero empieza por pedir importes modestos que puedan encajar en tu zona de confort y siempre indica para qué y para cuándo lo quieres. También es una regla que cuando el dinero aparezca, debes usarlo para lo que lo pediste. No lo desvíes para otro propósito por muy importante que éste parezca, si no bloquearás todo nuevo flujo. Simplemente rellena una nueva plantilla para éste.

Practica el gasto ilustrado. Con eso quiero decir que uses sabiamente el dinero y te mantengas fuera de deudas a toda costa. Pero aparte de eso, sé generoso con él. Deja grandes propinas. A ser posible siempre compra lo mejor y usa el dinero de forma que te proporcione alegría. Viaja en primera clase siempre que puedas. Compra regalos caros para tus seres queridos. Distribuye tu dinero. Úsalo de forma que eleve tu espíritu y nutra tu alma como ir a conciertos, crear un entorno agradable en tu hogar, contratar gente para hacer las cosas que tú no haces bien u odias hacer, etcétera. Gasta conscientemente y con alegría. ¿Por qué no? Si no hay escasez de dinero.[51]

Mucha gente ahorra y amontona dinero solamente para que cuando mueran lo hereden sus hijos. Tengo mis dudas acerca de eso. Siempre he dicho, en broma por supuesto, que quiero morir a los noventa y cinco años, completamente arruinado, habiendo gastado hasta mi último céntimo, fumándome un puro Habana, tomando una gran copa de Brandy y acusado de haber hecho proposiciones sexuales, con éxito, a una hermosa mujer. En otras palabras, después de haber vivido plenamente mi vida, sin restricciones y no dejando nada detrás de mí.

---

51. Esto no quiere decir que uses la tarjeta de crédito para cubrir dinero que no tienes. A estas alturas, todos los habitantes del planeta deberíamos haber aprendido la lección.

Es evidente que si tienes mucho dinero sobrante después de haberlo utilizado al ilustrado estilo Vida Radical hasta el momento de morir y de ninguna manera te has defraudado a ti mismo ni a otros seres cercanos y queridos, entonces está bien dejar lo que queda a tus hijos. Pero verlo como el propósito principal para tener dinero sería un pensamiento que pertenece al viejo paradigma. Si quieres que tus hijos tengan más abundancia dales dinero en la forma y en el momento que te parezca. Así sentirás el gozo de dar y ellos verán cómo modulas el flujo de dinero en tu vida y, en el mejor de los casos, aprenderán de tu ejemplo.

Recuerda que el dinero en el banco tiene poco o ningún valor. Sólo son unas columnas de números en un ordenador. Si tus hijos siguen operando en el viejo paradigma, es muy probable que lo que dejes detrás de ti supere su marca de ingresos y, en tal caso, encontrarán una manera de sacarse ese dinero de encima rápidamente. Incluso los hermanos quizá se peleen por él y se conviertan en enemigos mortales. Eso también es muy habitual.

Es evidente que el tema del dinero es muy controvertido y, desde el punto de vista de la Vida Radical, enormemente importante para nosotros, y sólo lo he tratado en superficie en este capítulo. Siempre que nos encontremos en un período en que el sistema financiero se colapsa completamente, el caos prevalece y el dinero se vuelve prácticamente inútil, nuestra fe en que el Universo proveerá abundantemente se convertirá en nuestro más preciado mecanismo de supervivencia. De repente, por fin, nos daremos cuenta de que el dinero no tiene sentido y que en tales circunstancias es bastante irrelevante.

CUARTA PARTE

DESPEJANDO Y LIMPIANDO

18. Desmontar tus historias

Pasar de un paradigma al siguiente es como mudarse de casa. Te guste o no, te obliga a repasar a fondo cada cuarto de la vivienda, desmontar todo, vaciar todos los armarios y roperos y tomar decisiones acerca de qué conservar y de qué deshacerte.

Al iniciar el proceso empiezas a darte cuenta de cuántas cosas has almacenado a lo largo de los años al fondo de los armarios, debajo de la cama, en el garaje, en el sótano y en el desván. Es posible que te sientas muy recalcitrante a la hora de aliviarte dejando ir cosas a las que estás muy apegado incluso si nunca más las usarás. Las reliquias de familia presentan problemas particulares. ¿Quedarán bien en la nueva casa? ¿Puedo soportar deshacerme de ellas cuando sé que significaban tanto para mis antepasados? Si las vendo ¿les estaré fallando a ellos y a mi familia? Y ¿qué hacer con estas viejas fotos de familiares fallecidos que nos recuerdan el pasado tanto bueno como malo?

Si es cierto que cuando te mudas de casa no tienes más remedio que despejar totalmente la casa y dejarla limpia antes de irte, las personas que se mudan de paradigma tienen tendencia a olvidar que necesitan hacer lo mismo. Se escabullen dejando atrás muchas de sus viejas historias de víctima, dolorosos recuerdos y formas de ser ocultadas en armarios fuera de la vista y de su mente consciente. Han sacado algunas cosas y las han abrillantado un poco pero han vuelto al armario y al olvido.

Sin embargo ¿acaso están muertas? No, siguen pudriéndose y en el momento oportuno las viejas historias atravesarán la caja y volverán a infectar vidas de una forma difícilmente imaginable.

Como he dicho antes, parto de la base de que estás ahora en la fase de despertar o que ya la has pasado. También asumo que te sientes bastante cómodo con la idea de que vinimos aquí para experimentar lo contrario de la Unicidad como parte de nuestra evolución espiritual, que el experimento de separación se acerca a su fin y que el resultado del juego es el paraíso terrenal. Pero ni siquiera eso es una garantía de que no tengas escondido en tu propio sótano mucho material generado en el anterior paradigma. Recuerdos de haber sido herido, maltratado, traicionado y abandonado, pérdidas que no has llorado apropiadamente, el aborto por el cual aún te sientes culpable, el dolor que infligiste a tus hijos o a tu pareja, etcétera.

Es posible que tengas temas relucientes gracias a la *cera bypass espiritual* envueltos en fino *papel de perdón a la vieja usanza,* pero como todo este otro material en aquel viejo armario apestoso, sigue poseyéndote. Sigue teniendo el poder de tirarte para atrás en aquel viejo paradigma y mantenerte atascado en Victimlandia. No cuento las veces que la gente me dice: *ya trabajé este tema* o *ya perdoné a mi padre* y luego cuando algo les toca la fibra vuelven a la misma vieja historia y reviven el dolor.

Por supuesto, es perdonable imaginar que por haber despertado están liberados y son capaces de seguir felizmente su camino llenos de alegría y amor sin mirar atrás. Muchos programas espirituales promueven esto sugiriendo que lo único que necesitas hacer es meditar para salir de ello y utilizar un manojo de fantasiosas afirmaciones para que te sientas bien. Mientras tanto tu material en el armario sigue permeando y crece, listo para abrirse paso causando estragos aunque hayas despertado incluso desde hace mucho tiempo.

El hecho es que algún importante trabajo de limpieza queda pendiente antes de poder decir de verdad que estamos preparados para vivir conscientemente y crecer en el Amor. Mientras este viejo material que nos sirvió tan bien durante la fase de amnesia espiritual no haya sido realmente neutralizado y trasformado, seguirá revolviéndose para mordernos.

De nuevo, todo es cuestión de energía. Si la tienes todavía invertida en historias acerca de lo que ocurrió, o sigues aferrado a emociones reprimidas por cosas dolorosas que ocurrieron o a creencias acerca de cómo fuiste victimizado, expectativas no satisfechas, etcétera, esa energía seguirá imantándote hacia aquel tiempo y manteniéndote marcado por ese karma.

Todas esas energías asociadas con la primera fase de tu vida deben ser despejadas y dispersadas, eso sí con amor y gratitud, antes de que puedas realmente empezar a crecer en el Amor de manera significativa y sin riesgo de que te tiren para atrás. Si estás decidido a avanzar, a empezar a manifestar la vida que quieres para ti y contribuir a la elevación general de una conciencia de masa, necesitas que tu energía no esté en el pasado sino plenamente en el presente.

EJERCICIO

Imagina que acabas justo de despertar, de emerger de lo que reconoces ahora como Victimlandia y estás listo para mudarte a tu nueva forma de ser. Siendo honesto y auténtico contigo mismo ahora, admites que tienes un paquete de historias, sobre todo del tipo víctima o victimario almacenadas arriba en tu desván y que precisan una limpieza. Entras en ese cuarto oscuro y bastante maloliente y ahí ves las cajas donde todas esas historias de víctima/victimario han sido cuidadosamente guardadas y ocultadas bien lejos de la vista. Abre cada caja y mira lo que contiene. Luego cuidadosamente haz una lista de esas historias.

1. _____

2. _____

3. _____

4. _____

5. _____

6. _____

7. _____

8. _____

9. _____

10. _____

Al revisarlas comprobarás que aún sigues bastante apegado a algunas de ellas. Al hacer la lista no estás totalmente seguro de qué historias siguen activas en tu vida y cuáles no. Incluso hay algunas que habías olvidado por completo o que reprimiste en la época en que nacieron. Notas también que algunas te siguen pesando mucho dependiendo de cuánto tiempo hace que ocurrieron y todo lo que ya las hayas *trabajado* según tú para reducir la energía asociada con ellas.

A menudo, la gente me cuenta que ha trabajado mucho sus historias y ha culminado su trabajo de perdón en ellas pero si sólo han usado el perdón convencional son muchas las probabilidades de que el dolor original siga ahí, aunque sepultado en lo profundo de su ser.

Lo menciono porque el perdón convencional no te pide renunciar a la idea de que has sido victimizado y, aunque intentes perdonar, sigues creyendo que algo malo ocurrió. Y así el deseo de perdonar es contrarrestado por la necesidad de condenar a aquella persona por haberte hecho algo. Lamentablemente, cuando la presión aumenta, la necesidad de condenar gana cada vez más. Así, el perdón no deja de ser un fino y delicado barniz especialmente si hablamos de algo realmente grave.

Toma nota de qué historias están conectadas entre ellas y se han multiplicado mediante la repetición como se describe en el capítulo 2. Aunque no formen parte de un patrón, todas las historias de víctima/victimario se distinguen siempre por tener una estructura similar. En el centro se encuentra el acontecimiento real, lo que ocurrió, y alrededor el dolor emocional asociado con él, que normalmente representa un 10 por 100 de la historia porque hemos aumentado dicho dolor afeándola y añadiendo una multitud de supuestos erróneos, creencias e interpretaciones que envuelven la historia. Lo aumentamos aún más buscando personas a las que condenar y hacemos el voto de no poder ser felices hasta vengarnos.[52] Y todo ello representa el 90 por 100 restante.

El primer paso a dar entonces es disolver la energía que mantiene entera la historia identificando los supuestos y las creencias usados para construirla con el fin de volver al valor de 10 por 100. En los capítulos siguientes exploraremos cómo neutralizarlos. El hecho de extraerlos permitirá al menos desinflar la historia hasta conseguir una versión más auténtica de lo que ocurrió realmente y hará que el proceso de renmarcarla, que es el gran paso siguiente, sea muchísimo más fácil de realizar.

---

52. Lo llamamos justicia pero es venganza lo que realmente queremos.

19. Repudiar las creencias

Gran parte de nuestro sistema de creencias viene siendo trasmitido de generación en generación. Vinculadas entre ellas conforman no sólo nuestra visión del mundo sino también las ideas acerca de cómo se construye la realidad. Como hemos visto y a todos los niveles, se inclinan hacia una perspectiva del mundo que apoya la idea de que somos víctimas de nuestras circunstancias y de que, en mayor o menor medida, tenemos poco poder sobre nuestras vidas.

Esto puede haber sido de gran ayuda al permitirnos crear separación pero tales creencias son muy difíciles de romper aunque hayamos despertado y empezado el cambio adentrándonos en el nuevo paradigma hacia el cual, dado nuestro estado de conciencia, nos seguimos sintiendo inseguros y nos queda pendiente anclarlo profundamente en nuestra forma de ser. Nuestro anclaje en la nueva perspectiva en el mejor de los casos es frágil, por lo que no sorprende que nos resistamos a soltar las creencias que nos han acompañado durante tanto tiempo.

Lo mejor que podemos hacer ahora es devolver nuestras mentes al tiempo previo al despertar y hacer lo posible para identificar y luego repudiar las creencias que antes considerábamos como ciertas pero que ahora ya no son válidas. Al empezar hemos usado nuestras mentes racionales para hacerlo aun sabiendo que nuestra mente subconsciente muy bien podría oponerse a nuestros esfuerzos y procuraría reforzar las viejas creencias. De todas formas, está todo bien porque la verdadera trasformación llega cuando usamos nuestra Inteligencia Espiritual para renmarcar las historias y desechar automáticamente las creencias que las mantenían enteras. Esto hará que toda la estructura se derrumbe y se disuelva de una vez por todas. Pero primero necesitamos descubrir cuáles son dichas creencias.

El escollo al intentar identificar esas creencias negativas profundas es que suelen ser inconscientes. Es difícil para ti llegar a saber las que son y aún más lo que están expresando. Una forma de identificarlas es trabajar hacia atrás. Te vuelves hacia lo que se fue repitiendo en tu vida y de ahí deduces cuál puede ser la creencia que subyace en ese tipo de actividad. Revisa tu lista de historias y averigua lo que hay dentro. El principio aquí es que sea lo que sea que se manifieste *ahí fuera,* especialmente si se repite una y otra vez, es una escenificación de lo que hay *ahí dentro.*

Si toda clase de personas te tratan siempre de la misma forma, entonces no te arriesgas suponiendo que están haciéndose eco energéticamente de alguna creencia que tienes acerca de ti mismo y que subconscientemente te tratan en concordancia con esa creencia. Por ejemplo, si parece que la gente te ignora, probablemente tienes la creencia de que no mereces ser escuchado, o que no tienes nada interesante que decir, o que eres una persona aburrida. Si la gente repetidamente te decepciona, es muy probable que tu creencia esté sugiriendo *la gente siempre me traiciona* o *la gente no me valora.*

Si has leído mi libro *El Perdón Radical,* recordarás en el capítulo 1 que mi hermana Jill basaba toda su vida en la creencia de que nunca sería suficiente para ningún hombre. Esa creencia provenía de la herida original de no sentirse amada por su padre.

EJERCICIO

Retoma tu lista de historias y procura identificar lo que llamamos las *creencias negativas* profundas que subyacen en cada una de tus historias. Revisa los patrones que se han revelado y otros que pueden haber surgido desde entonces y trata de deducir algunas de las posibles creencias que habrás estado representando a lo largo de los años. Luego escribe variantes de cuáles pueden ser esas creencias negativas profundas.

Para ayudarte seguidamente exponemos una lista de típicas creencias negativas profundas.

Nunca seré suficiente
Es peligroso ser yo mismo
Siempre me atienden el último o me dejan de lado
La gente siempre me abandona
Es peligroso expresarme
Tendría que haber nacido chico/chica
Nunca lo conseguiré
La vida no es justa
Por mucho que me esfuerce, nunca es suficiente
No valgo nada
Nunca tendré éxito
No es bueno ser poderoso/exitoso/rico/extrovertido
No merezco...
Siempre tengo que obedecer o sufrir
Estoy solo
Otros son más importantes que yo
Nadie me amará
Amarme es imposible
Nadie está disponible para mí
Tengo que hacerlo todo yo solo
Otra: _____

Completa tu lista de creencias probables. Luego revísala y selecciona las que mayor resonancia tienen para ti. Escríbelas aquí o en tu diario y luego escribe cada una en un *post-it* o trozo de papel. Déjalas a un lado.

Puede que el próximo paso te parezca contradictorio y quizá difícil de concebir pero te pido sentir amor y aceptación hacia cada una de esas creencias. Sí, he dicho *¡ámalas!* Ámalas por formar parte de ti hasta hoy y luego permanece abierto a la posibilidad de que te hayan servido de alguna manera. Ámalas por lo que han hecho por ti aunque no puedas verlo.

Es importante amarlas porque esas creencias no son cosas anodinas que existen como conexiones en el cerebro y que se puedan apagar con un chasquido de los dedos. Forman parte integral de ti mismo. Esto quiere decir que si les quitas la razón y tratas de deshacerte de ellas, de hecho, te estas atacando y socavando a ti mismo. Es un asunto de importancia. Aportando Amor a la situación, amándote por tener cierta creencia y amando la creencia misma antes de renunciar a ella, aquietarás a tu juez interior y volverás tu mente más receptiva a la idea de que había un propósito por tenerla en cierto período de tu vida pero ya no más a fin de dejarla ir.

Estoy seguro de que ya habrás oído la expresión *lo que resistes, persiste* ¿sí? Sin duda es aplicable aquí. Si contrarrestas la energía intentando soltar la creencia desde un espacio de juicio, se fortalecerá.

Si la amas tal como es, aceptándola como parte amorosa y solidaria de ti mismo que consideras ahora como irrelevante en tu vida, se disolverá sola. Dejará de tener voz y voto en tu realidad y, a partir de ahí, de tener el poder de crear circunstancias en tu vida que habitualmente habrían apoyado esa creencia.

Así, espero que ahora puedas ver que preguntar *¿cómo me deshago de esas creencias?* es hacer la pregunta equivocada. La verdadera pregunta es *¿cómo alcanzar el punto en que acepte amorosamente mi creencia y me ame del todo por tenerla de manera que se disuelva de forma natural?*

Acción: Recupera los *post-it* o trozos de papel en los que has anotado tus creencias y por cada uno haz lo siguiente:

1. Sostén en alto la creencia en tu mano izquierda, que conecta con tu cerebro derecho, y di lo siguiente con sentimiento:

*Me amo por tener la creencia de que... y me doy cuenta de que esta creencia me ha servido amorosamente en el pasado. Envío amor y aprecio ahora a esta creencia y a la parte de mi ego que ha sentido la necesidad de aferrarse a ella. Me siento bendecido por haberla tenido como parte de mi conciencia hasta este momento y me doy cuenta ahora de que no necesito aferrarme a ella por más tiempo. **Por eso, la libero de mi conciencia AHORA.***

2. Ahora sostén en alto la creencia con tu mano derecha y repite lo mismo, esta vez conectando con tu cerebro izquierdo.

Repite los pasos 1 y 2, cambiando de mano cada vez y pronuncia la última frase con entusiasmo y en voz alta. Invierte también energía física en ello.[53] Cuando termines con cada creencia, rompe el papel en pedazos o quémalo.

---

53. Por ejemplo, acompañando la voz con un movimiento del cuerpo. *(N. de la T.)*.

20. Expectativas y juicios

A menudo resulta chocante para la gente descubrir que gran parte del dolor que pilota su historia proviene de creer que alguien no cumplió con sus expectativas. Se enfadan y se sienten disgustados porque la persona no se comportó de la manera que esperaban y no satisfizo sus exigencias. También querían que la persona fuera diferente de lo que era.

El sentimiento principal asociado con una expectativa no satisfecha es la decepción, pero también puede ir acompañada de enojo y frustración, e incluso pesadumbre.

Por supuesto, ésta es la principal forma en que usamos las relaciones para crear el dolor de la separación. Nuestros padres, nuestros hermanos, nuestras parejas e incluso nuestros hijos nos harán el favor de crear toda clase de decepciones mediante promesas no cumplidas o fallos de uno u otro tipo. La traición es otra de las maneras con la que experimentamos el dolor de una expectativa no satisfecha que, en este caso, habría sido la de esperar fidelidad.

Para este ejercicio, sería de ayuda mirar atrás, a las expectativas que puedes haber tenido en relación con cada historia durante el período de amnesia espiritual y valorar si tenías derecho a tenerlas. Si no, y para disolver la energía tóxica, puedes cancelarlas retrospectivamente.

De ahí en adelante, como individuo despierto te incumbe examinar cualquier expectativa que puedas tener y preguntarte si es realista y si de verdad estás en tu derecho de mantenerla. En algunos casos será apropiada, especialmente con las que conciernen a tus propios límites y tu sistema de valores. Pero deben ser explícitamente expresadas como exigencias y no guardadas. Todo el mundo necesita conocer tu postura y la suya propia.

Ya he mencionado antes el tema que planteé en un taller de si tengo derecho a exigir que mi madre me quiera y la forma en que esto generó encendidas discusiones acerca del derecho y de la presunción que el amor puede y debe ser dado. Amplié después el debate animando a las personas a que considerasen cada una de sus historias de víctima y el sufrimiento asociado con ellas, y que entonces se preguntasen ¿cómo querían que estas personas fuesen diferentes de como eran en aquella época? ¿Hasta qué punto eso fue la fuente de su dolor? ¿Qué estaban exigiendo de ellos que no tenían derecho a esperar? Ahora quiero peguntarte lo mismo.

EJERCICIO

Mira hacia atrás en tu línea del tiempo y selecciona algunos acontecimientos en que alguien importante en tu vida no estuvo a la altura de tu exigencia y que, en cierta manera te sentiste traicionado o decepcionado. Anota todas las expectativas, exigencias y juicios y cómo querías que la persona fuera o cambiara sólo para complacerte.

Ámate por tener esas expectativas porque sabes que las creaste tú por la misma razón que creaste tus creencias. Después, sin dejar de lado el hecho de que querías la decepción a fin de conseguir unidades kármicas, evalúa desde tu nueva perspectiva si tenías algún derecho a esperar que la persona fuese diferente o si no estabas siendo realista en tu exigencia.

Cuando hagas una plantilla de Perdón Radical, el paso 5 dice así:

«Mi malestar era mi señal de que retenía amor hacia mí mismo y X, la otra persona, juzgando, teniendo expectativas y queriendo que X cambiara y viendo a X como menos que perfecto. *(Haz una lista de los juicios, las expectativas y los comportamientos que indican que querías que X cambiara)*».

La idea aquí es ponerse en la situación del otro y comprender qué le llevó a ser como es. También te invito a considerar con la debida humildad que esa persona sencillamente es como es, que no puedes cambiarla y no tienes derecho a esperar que sea diferente. Sólo te puedes cambiar a ti mismo o apartarte de ella si es preciso.

Esto también te da la oportunidad de dejar de centrarte sólo en ti. Quizá te lo tomes todo de manera demasiado personal. Este ejercicio es todo un desafío porque requiere mucha humildad para renunciar a exigencias y expectativas mantenidas mucho tiempo sobre que la gente sea de cierta manera.

La gente con necesidad de controlarlo todo pasa un mal rato soltando expectativas y sus exigencias de que la gente sea diferente. Como consecuencia, sufre mucho durante la fase de amnesia espiritual. En cuanto despierta le espera una dura tarea para dejar de controlar comportamientos ¡amándose por ser controladores!

A continuación expongo unos ejemplos de exigencias bastante habituales que asoman en mis talleres entre la gente que está luchando para ver cómo crearon esas circunstancias en sus relaciones a fin de sentir el dolor de la separación.

1. *Mi padre no estaba disponible emocionalmente para mí.*
2. *Mi hermana/hermano/sobrino/nieto no viene a verme.*
3. *Mi esposo no deja de pegarme.*
4. *Mi jefe no me paga lo suficiente y no me valora.*
5. *Mi amigo tiene cáncer y necesita que le enviemos energía sanadora.*

1. *Mi padre no estaba disponible emocionalmente para mí.* Es una queja muy habitual enraizada en la expectativa de que un padre *debería* estar presente emocionalmente para su hija. Pero ¿qué derecho tiene una hija de esperar esto? Quizás él no sepa ser así. Quizá le consume su trabajo y no siente mucha inclinación por ejercer de padre. Quizá ni siquiera es consciente de la necesidad de su hija. Quizá sencillamente no es un hombre de tipo emocional.

2. Mi hermana/hermano/sobrino/nieto no viene a verme. Hace tiempo tenía una amiga que se mostraba muy enojada porque su sobrino nunca iba a verla. Después de hacer un ejercicio de Perdón Radical, dijo: *Ya está, lo he entendido. No le apetece.* Para ella fue una epifanía y esto le alivió inmediatamente el dolor. Soltó de pronto la expectativa y la exigencia de que viniera a verle y, al cabo de poco, el sobrino empezó a aparecer por su casa. Él no llegó a saber lo que ella había hecho, pero debió de haber notado el cambio de energía en ella y respondió en concordancia.

3. Mi esposo no deja de pegarme. Evidentemente es razonable que ella exija que su esposo deje de pegarle. No obstante, en cuanto despierte al hecho de que quería sufrir el maltrato porque se sentía sin valor o algo similar y quería demostrar a su esposo que ella tenía razón, es probable que él deje de hacerlo. Si esto no ocurre, entonces necesita actuar para que así sea o dejarlo. El perdón no tiene nada que ver con ser un felpudo. Como ya hemos comentado, es esencial que tengamos límites firmes.

4. Mi jefe no me paga lo suficiente y no me valora. Podríamos preguntar: *¿Le has pedido un aumento? Quizá piense que no vales más. Si estuvieras en su lugar, ¿pagarías más? ¿Es el salario oficial? ¿Crees que no mereces más? ¿Puedes cambiar de trabajo?* De nuevo, es una cuestión de límites y de autopotenciación personal una vez has despertado.

5. Mi amigo tiene cáncer y necesita que le enviemos energía sanadora. Esta demanda es un reto para muchas personas porque, aunque en realidad esté completamente enraizada en la conciencia de víctima, no lo parece. Mucha gente cae en la trampa. Salvo que la persona haya solicitado específicamente que se le envíe energía sanadora, es una suposición arrogante por nuestra parte imaginar que de verdad la quiere o la necesita. En realidad, lo que estaríamos enviando es nuestro juicio de que su experiencia del cáncer no está bien. ¿Quiénes somos nosotros para decir que no debería tener cáncer? Considerar que alguien necesita sanación es verle como menos que perfecto. Esto delata aún más nuestra necesidad de ver víctimas que otra cosa.

Una persona despierta sólo enviaría amor incondicional y apoyo a la persona con cáncer, y si de verdad hubiese pedido energía sanadora, oraría para que experimente el desenlace más elevado y mejor, sea el que sea dicho desenlace. Es otra forma de practicar el crecimiento en el Amor.

Esto nos lleva evidentemente a darnos cuenta de que la paz radica en nuestra capacidad para amar lo que hay, tal como es. Al menos deberíamos partir de esta posición y luego si hay que modificarla, crear la necesidad de cambio desde un estado de profunda paz interior, libre de conciencia de víctima. Como vimos en el capítulo anterior acerca de las creencias, es paradójico que el medio más eficaz de producir cualquier tipo de cambios en una situación es primero aceptarla totalmente tal como es. A menudo es la mejor manera de relacionarnos. Intentar cambiar a la gente desde el juicio es el medio menos probable de tener éxito.

Sin embargo esto saca a relucir algunos temas fundamentales para los profesionales de la sanación. ¿Cómo gestionan ese tema? Es especialmente delicado para los médicos que tratan personas al final de su vida o situaciones de emergencia donde tienen que tomar decisiones por los pacientes. Su entrenamiento les exige hacer siempre todo lo posible para salvar vidas a toda costa. A veces eso implica someter al paciente a más sufrimiento que si se suspendiesen los procesos médicos. Rara vez permitirán los médicos de un hospital, o los familiares en tal caso, que alguien muera con dignidad. La muerte siempre se considera un fracaso que hay que impedir por todos los medios posibles.[54]

Como seres humanos despiertos y conscientes de que la muerte es una ilusión, nos incumbe tomar la responsabilidad de nuestra propia manera de morir redactando un Testamento Vital, donde definiremos cómo queremos ser tratados en circunstancias especiales.

---

54. Nos extendemos sobre este tema en el capítulo 25: «Desengancharse».

Y ¿qué decir de los psicoterapeutas, coaches y demás profesionales de la ayuda que no tratan situaciones de vida o muerte sino que procuran ayudar a las personas a solucionar su vida y resolver problemas? La respuesta depende de cómo se inicie la conversación y de las tres preguntas que tengan en mente cuando su cliente cruza su umbral. Si trabajan de acuerdo con el modelo médico estándar, en su cabeza estarán las tres preguntas siguientes:

1. ¿Qué es lo que no funciona en esta persona?
2. ¿Cómo llegó a estar así?
3. ¿Cómo puedo ayudarla?

Cuando un terapeuta opera desde el nuevo paradigma y, aunque al principio parezca seguir el modelo médico, las preguntas que tendrá en mente serán las siguientes:

1. ¿En qué lo que le ocurre a esta persona es perfecto?
2. ¿Cómo se está manifestando dicha perfección?
3. ¿Cómo consigo que la persona vea la perfección en lo que está ocurriendo?

Como puedes ver, es una mentalidad y una manera totalmente diferente de contemplar a las personas que procuran ayudar y el problema, que en realidad no es un problema. El proceso se convierte no tanto en una terapia sino más bien en una forma de educar a la gente. La meta es llevarles a considerar la situación de un modo distinto a fin de que puedan sencillamente disolver lo que perciben como un problema utilizando las herramientas de Vida Radical propuestas.

EJERCICIO

Justificado o no según tú, enumera de qué modo quieres o has querido que alguien sea diferente.

Persona 1: *Pienso que debería* _____

_____

_____

_____

El objetivo es sencillamente percibirlo y darte cuenta de cuánto dolor has invertido en tu necesidad de que cambie. Luego, lee la afirmación siguiente para soltar la energía.

Suelto completamente mi necesidad de que X _____

_____ *sea diferente y le dejo libre de ser quien es sin juzgarle, y aquí me declaro libre de tener una relación con él/ella o de dejarle si su forma de ser es demasiado tóxica para mí o simplemente inaceptable. Tengo la posibilidad de elegir lo que sea mejor para mí. Sólo soy responsable de mí mismo.*

Persona 2: *Pienso que debería* _____

_____

_____

_____

Suelto completamente mi necesidad de que X _____

_____ *sea diferente y le dejo libre de ser quien es sin juzgarle y aquí me declaro libre de tener una relación con él/ella o de dejarle si su forma de ser es demasiado tóxica para mí o simplemente inaceptable. Tengo la posibilidad de elegir lo que sea mejor para mí. Sólo soy responsable de mí mismo.*

Persona 2: *Pienso que debería* _____

_____

_____

_____

Suelto completamente mi necesidad de que X _____
_____ sea diferente y le dejo libre de ser quien es sin juzgarle y aquí me declaro libre de tener una relación con él/ella o de dejarle si su forma de ser es demasiado tóxica para mí o simplemente inaceptable. Tengo la posibilidad de elegir lo que sea mejor para mí. Sólo soy responsable de mí mismo.

21. Interpretaciones y suposiciones

Otra cosa que quizá tengas que hacer con cada una de tus historias de víctima/victimario es comprobar hasta qué punto parte de la historia está compuesta por hechos concretos y la otra parte no es más que invenciones, interpretaciones y suposiciones acerca de lo que ocurrió. Como mencionamos previamente, en toda historia de víctima, el dolor que envuelve los hechos corresponde a un 10 por 100 del total de la energía invertida. El 90 por 100 restante proviene de haber *afeado* la historia y haberle añadido interpretaciones y suposiciones. El 10 por 100 es dolor y el 90 por 100 es sufrimiento.

EJEMPLO

Mi marido tuvo una amante. Éste es un hecho que en sí generará dolor, no hay duda. Pero luego llega la interpretación que convierte el dolor en sufrimiento. *No soy suficiente para él – No soy bastante atractiva – Todos los hombres me engañan - Algo no funciona en mí.*
Algunos ejemplos:

Hecho: Mi padre murió.
Interpretaciones: Me abandonó. Murió demasiado pronto. Si le hubiera prestado más atención, quizás habría sobrevivido. Tenía que haberse cuidado más. Desperdició su vida asumiendo demasiados riesgos. Si le hubiésemos importado más no se habría puesto en situación de peligro. Fue egoísta.

Hecho: Mi madre se divorció de mi padre.
Interpretaciones: Me quitó a mi padre. Rompió nuestra familia. No se esforzó lo suficiente. Él es la víctima. A ella le da igual que yo no tenga padre. Ella sólo pensó en ella ¿y yo qué? Fue culpa mía. Rompieron a causa de mí. Si yo no hubiese estado en camino antes de que se casaran, nunca se habrían casado.

Hecho: Mi mujer me engañó.
Interpretaciones: Él debe de ser mejor amante que yo. Es una furcia. Nunca podré volver a confiar. No soy bueno en la cama para ella. Merece un castigo. No le importó herirme. No tenía una buena razón para ello. Es fría y egoísta. Su amante no tiene escrúpulos.

Hecho: Mi padre abusó de mí sexualmente.
Interpretaciones: Seguramente debí de merecerlo. Era la única manera que yo conocía de recibir amor por su parte. Fue mi culpa. No pude negarme. Tenía demasiado miedo. Todos los hombres me harán daño. Tengo que aumentar de peso para que los hombres no me encuentren atractiva. El orgasmo está mal y es algo malo.

En todos esos casos la verdad es que no teníamos derecho a hacer ninguna de esas interpretaciones. Sistemáticamente eran del todo erróneas y de muchas formas estúpidas. Sin embargo, las defendimos con vigor porque nos daban las unidades kármicas que necesitábamos. Añadían valor a nuestra historia de víctima. Pero ahora que hemos despertado, no podemos seguir defendiéndolas. Tenemos que separar las suposiciones y las interpretaciones de los hechos para encontrar la paz con respecto a lo que ocurrió.

Acerca de esto, he aquí lo que dice la plantilla del Perdón Radical en el apartado seis:

Ahora me doy cuenta de que a fin de sentir la experiencia de una manera más profunda, a partir del acontecimiento o la situación,

mi alma me animó a crear una historia más GRANDE de lo que parecía considerando sólo los hechos. Una vez alcanzada esta meta, puedo ahora liberar la energía que envuelve mi historia separando los hechos de las interpretaciones que hice al respecto. *Haz una lista de las interpretaciones principales y señala el nivel de emoción y apego que sientes por cada una, ahora.*

EJERCICIO

1. Retoma una o más historias tuyas donde puedas ver que te lo tomaste como algo personal, que lo convertiste en algo que sólo se refería a ti y le añadiste muchas suposiciones e interpretaciones. En tu diario haz una lista de lo que realmente ocurrió. Sólo los puros hechos.

_____

_____

_____

_____

_____

_____

2. Luego haz una segunda lista, anotando cada uno de los juicios, de las interpretaciones y afirmaciones que creaste acerca de lo que ocurrió y que te inventaste completamente.

_____

_____

_____

_____

_____

_____

_____

22. Amando tus proyecciones

Desde muy temprana edad aprendemos a condenar a otros por todo lo desagradable que ocurra, incluso en el caso de que hayamos podido ser responsables de ello. Condenar puede ser una buena estrategia para crear separación en las relaciones y funciona bastante bien, pero no se puede comparar con el mecanismo de proyección.

Condenar se hace a propósito y conscientemente pero la proyección es una actividad del todo inconsciente generada desde las profundidades de nuestra mente inconsciente, donde se encuentra almacenada un montón de basura emocional. Ésta se generó primero como resultado de haber sido avergonzado acerca de algo y haberla empujado y mantenido muy abajo, fuera del alcance de la mente y la luz, para asegurarse de que nadie y, menos su propietario, se vuelva a enterar nunca de ello. Constituye nuestro auto-odio y se compone de todas las cualidades vergonzosas, pensamientos, ideas, creencias, perversiones, instintos y ansias por los que nos avergonzamos profundamente y que hemos negado, reprimido y empujado lejos de nuestra conciencia. Carl Jung lo llamó nuestra sombra.

El potencial para crear la separación que este material oscuro ofrecía es enorme. Primero creó separación dentro de nosotros mismos. Nos partió en dos partes, la buena y la mala, la que presentamos al mundo y la que mantenemos bien oculta. En el fondo de nuestro ser creamos un terrible sentido de no autoaceptación y de autoodio hacia al menos la mitad de nuestro ser. Muchas de nuestras creencias negativas profundas emergen de esa partición interna y generaron muchas de nuestras historias de víctima/victimario.

Asimismo, ofrece infinitas oportunidades de crear separación entre nosotros y los demás. Esto se manifestó atrayendo subconscientemente en nuestras vidas a otros que parecen exhibir algún aspecto de nuestro autoodio. Nos permitió proyectar subconscientemente ese aspecto en ellos como medio de deshacernos de él y convertirlos en chivo expiatorio. Éste es el mecanismo de la proyección.

Por ejemplo, con el propósito de ilustrarnos llegó alguien que parecía muy seguro de sí y cuidaba de que sus necesidades fueran satisfechas. Pero, como resonó con nuestros juicios profundamente reprimidos acerca de cómo nos comportamos en nuestro propio interés, a menudo con grave perjuicio para los demás, elegimos percibir su comportamiento como *egoísmo*. Así pudimos atacarlo *ahí fuera* en lugar de enfrentarlo en nosotros. Con enojo e indignación, le cubrimos de burla y crítica por ser tan egoísta sin nunca darnos cuenta que era nuestro propio egoísmo el que estaba siendo reflejado. Al hacerlo nos autoengañamos subconscientemente creyendo estar libre de ese aspecto que tanto detestamos en nosotros mismos. No fue éste el caso pero sí que nos creamos un enemigo. ¡Bingo!

De nuevo, ahora que has despertado y te dedicas a crecer en el Amor, tu tarea inmediata es deshacer el proceso de proyección reconociendo que, como dice el punto diez de la plantilla de Perdón Radical:

Me doy cuenta ahora de que me altero cuando alguien activa en mí algo que he negado, reprimido y proyectado en él/ella. Ahora me doy cuenta de que es cierta la frase: *Si lo ves es que es tuyo*. Esa persona me está reflejando lo que necesito amar y aceptar en mí. Estoy dispuesto ahora a recuperar la proyección como formando parte de mi sombra. Amo y acepto esa parte de mí.

En cuanto reconocemos que lo que vemos y criticamos en otros no es más que un reflejo de lo que no soportamos en nosotros mismos, se nos ofrece claramente una oportunidad de sanar la separación dentro de nosotros. Al recuperar todas nuestras proyecciones y amando las partes nuestras que previamente odiábamos, crecemos en el Amor por nosotros mismos y nos devolvemos a la Unicidad. Asimismo, extendemos nuestro Amor y nuestra gratitud a los *voluntarios* que aparecieron y nos reflejaron nuestra sombra. Por cierto, recuerda que este fenómeno funciona igual con grupos de personas, incluso con países. Como vimos en el capítulo 11, era muy probable que Estados Unidos entrara en guerra con Irak porque Saddam Hussein sintonizaba con una enorme cantidad de autoodio y vergüenza presentes en la sombra de Estados Unidos y que representaba la persona y el país ideal en los cuales proyectarla.

EJERCICIO

Haz una lista con dos personas que no te hayan gustado y para cada una escribe las características que vistes en ellas y encontraste inaceptables. Profundica y sé honesto contigo mismo. No censures tu lista aunque te parezca que eres injusto. Sólo sintoniza con tus propios sentimientos de desaprobación de acuerdo con lo que ves.

Persona 1   **Persona 2**

_____   _____

_____   _____

_____   _____

_____   _____

_____   _____

Ahora viene algo que no te va a gustar. Trasfiere cada punto de ambas listas a la plantilla siguiente:

PLANTILLA PARA ABRAZAR MI SOMBRA

Las características que esas personas me reflejan, que estoy juzgando y que ahora estoy preparado a amar y aceptar como partes de mí son:

_____

_____

¡Qué asco de ejercicio! ¿Verdad? Sin embargo, es importante listar cada característica que viste en esas dos personas que no te gustaron aunque algunas parezcan ajenas a ti y, a primera vista, te sientas incapaz de asumirlas como tuyas. Pueden tener un carácter muy simbólico de algo en tu sombra que resulta difícil de identificar o que representen otra característica que tu subconsciente vincula con una de la lista pero que tachaste varias veces.

La buena noticia es que no tienes que saber lo que simbolizan o representan dichas características. Se trata sencillamente de aceptar el principio *Si lo ves es que es tuyo*. En otras palabras, si lo ves en otra persona y te enoja, entonces es tuyo. Esta regla no admite excepciones.

Cuantas más cosas veas *ahí fuera* que te alteran, más vital es amarlas y aceptarlas dentro de ti. Resiste la tentación de seguir juzgando esas características como *malas* y de criticarte por tenerlas. Hacerlo sencillamente refuerza la sombra e incrementa la vergüenza que orientas contra ti. La única manera de disolver la energía es amarla tal como es. Y, tal como indicamos que para quitar el poder de las creencias negativas profundas teníamos que amarnos, es igualmente importante amarnos por tener esas características. Nos conforman al menos de momento. Éste es otro de los medios para crecer en el Amor.

Consiguiente acción

En relación con la lista de características que habías previamente negado, reprimido y proyectado en un montón de personas y has reconocido como partes de ti, lee la afirmación siguiente en voz alta, lentamente, deliberadamente, asegurándote de que integras su pleno significado.

1. *Ahora veo que esas personas me han estado reflejando las partes de mí mismo que negativicé, juzgué, negué, reprimí y proyecté en ellas. Les doy las gracias por reflejarme esas partes de mi sombra.*

2. *Ahora recupero las proyecciones y estoy dispuesto a amar y aceptar esas partes de mí. Cada una es una parte de quien soy y no sería completo sin ellas.*

3. *Ahora me doy cuenta de que no son cosas que tenga que superar ni sacarme de encima. No son obstáculos en mi camino de crecimiento y sanación. Amo y acepto a cada una de ellas tal como es.*

4. *A medida que me abro a amar y aceptar esas partes de mí, confío en que lo que sea que me llevó a crear esos aspectos oscuros tales como mentiras, falsas percepciones o ser avergonzado, se disolverán automáticamente al conseguir amarlas.*

5. *Por el contrario, me doy cuenta de que si sigo juzgando esas partes de mí y me resisto a amarlas, crecerán más fuertes. A lo que te resistes, persiste.*

6. *Si de verdad es cierta la creencia que subyace en una o unas cuantas de ellas, aceptarla como siendo lo que soy me permitirá trasformar la energía y utilizar el poder positivo de dicha parte con un buen fin. Mi perfección radica en mi imperfección.*

7. *Después de haber sacado a la luz aspectos de mi sombra, me doy cuenta de que mi Inteligencia Espiritual ha proporcionado cada una de esas oportunidades de sanación, y honro y bendigo a cada persona de mi lista por haber estado dispuesta a ser un ángel de sanación para mí.*

Firma: _____

Fecha: _____

23. Renmarcar tus historias

Después de revisar tus creencias, supuestos, interpretaciones y proyecciones, lo que te queda por hacer para recuperar tu energía anclada en el pasado es reducir tus historias a escombros renmarcándolas. Eso te lleva a un nivel completamente nuevo y es nada menos que un paso de gigante.

Renmarcar supone coger una historia que se encontraba firmemente enraizada en la conciencia de víctima y darle un giro de ciento ochenta grados para que aterrice en medio del paradigma metafísico que hemos estado describiendo en este libro. En cuanto hacemos esto, todo cambia.

Quizá recuerdes como demostramos previamente, que cuando colocas una misma imagen en un marco distinto la experiencia de mirarlo es muy diferente. Ocurre lo mismo con nuestras historias. La narrativa no varía: es nuestra percepción la que cambia al modificar el marco.

El que hemos ido colocando alrededor de los relatos de lo que nos ha ocurrido en la vida contiene el sistema de creencias consagrado por la conciencia de víctima. A continuación, damos algunos ejemplos de lo que podría estar grabado en el cuadro.

No debería haber ocurrido. Es culpa de alguien. La vida es cruel, casual, arriesgada, peligrosa e incierta. La vida es una cuestión de casualidad, suerte y coincidencia. Hay que pelear para sobrevivir. Es un mundo de lobos contra lobos. La vida no tiene sentido. Naces, vives y luego mueres.

Otros son responsables de mi infelicidad. Hay más pero con éstas ya captas el estilo, espero.

Cuando hacemos un replanteamiento de Perdón Radical, tiramos por la borda todas esas creencias y esos supuestos. Ninguno tiene validez en el nuevo paradigma al cual estamos pasando. Todos son errores de percepción, por eso los descartamos alegremente y los echamos fuera del marco.

Nuestro nuevo marco nos dice que la vida no es así. La vida tiene sentido, está premeditada, divinamente guiada y con propósito. La vida está llena de maravillosas sincronías y conexiones significativas. Somos todos Uno y estamos conectados espiritualmente. Creamos nuestra realidad y podemos conseguir que la Tierra sea un paraíso si queremos. Cada uno de nosotros es responsable de su propia felicidad y, al mismo tiempo, sostenemos a los demás con compasión y Amor. No hay víctimas ni victimario. Todos están consiguiendo lo que quieren y todo está en orden divino. La muerte no es real. El Amor es la fuerza motriz que hay detrás de cada cosa.

A primera vista, podrías pensar que tan sólo estamos haciendo malabarismos mentales sustituyendo un lenguaje por otro, como si fuera un truco o un juego de manos. Ciertamente así lo parece.

Pero para mí debe de haber algo más en ello porque los cambios que veo en la gente cuando se abre a la posibilidad de que la vida puede ser contemplada desde ese contexto no son menos que extraordinarios. Y no sólo es que se sienten mejor, lo cual es cierto, sino que toda su vida cambia drásticamente. A las demás personas involucradas en sus historias también les llega aunque no hayan participado en el proceso. Y la situación que generó la historia al principio se resuelve mágicamente.

Sin embargo no se trata de magia ni de trucos. Es un fenómeno energético y estoy seguro de que los físicos cuánticos podrían explicárnoslo científicamente. Mis observaciones y veinte años de experiencia confirman que, en cuanto nos abrimos a alimentar esa posibilidad, no sólo cambia el campo energético en torno a la historia, sino toda la situación. Y el efecto es inmediato sin que importe la distancia física, por lo que el tiempo y el espacio no son relevantes. Esto demuestra que sólo puede tratarse de energía.

Rupert Sheldrake ha demostrado que dentro de cierto campo morfogenético, si una persona modifica su energía, todos los demás se ven afectados de alguna manera. Si se trata de un potente cambio de energía, el efecto será proporcional en todos los miembros de dicho campo. Es interesante saber que no importa si los miembros de la familia están dispersos por el mundo. Energéticamente siguen conectados.

Todos pertenecemos a otros campos tales como grupos de trabajo, de interés, de ocio, etcétera. Pero el grupo que no interesa aquí es el que componen las personas involucradas en tu historia. Además de la que te victimizó, puede haber otras que la apoyaron, los miembros de tu propia familia, abogados, policías, agentes de seguros, banqueros, terapeutas y otros. Todos juntos conforman un campo morfo-genético, lo que significa que están todos conectados energéticamente de una forma muy dinámica.

Recorrer el proceso de renmarcar la situación tiene como efecto modificar el flujo de energía existente dentro de dicho campo, y todos lo perciben. Y, como la energía subyacente que alimenta el nuevo marco es el Amor, el resultado siempre será positivo o, digamos, por el bien supremo de todos los integrantes.

Cómo escribir un nuevo marco

Como depende del nuevo paradigma en el que aún no estamos totalmente enraizados, mucha gente tiene dificultades en encontrar los términos adecuados para esto. Como es el paso que proporciona el cambio de la conciencia de víctima a la de Amor, es importante invertir en ello los sentimientos adecuados para que transición se perciba de manera apropiada.

La forma en que renmarques tu situación debería llevarte a sentir su perfección desde el punto de vista espiritual y a concienciarte de la

Gracia contenida en ella. Tu nuevo marco debería proporcionarte una perspectiva que te revele la Mano de Dios o de la Inteligencia Divina trabajando para ti y demostrándote cuánto te ama. No hace falta que sea complicada. El nuevo marco podría expresarse en términos generales como:

Lo que ocurrió no era más que el despliegue de un Plan Divino y estaba previsto que ocurriese de esa forma no a mí sino para mí. Lo atrajo mi propio yo superior para mi crecimiento espiritual y las personas involucradas estaban bailando conmigo una danza de sanación, por eso en verdad nada malo ocurrió.

Escribir algo así sería perfectamente adecuado. Por otro lado, si añades algún detalle acerca de la situación sería igualmente correcto.

Lo que no sería apropiado sería escribir una interpretación basada en supuestos enraizados en el Mundo de la Humanidad como, por ejemplo, dando motivos por los cuales ocurrió, citando atenuantes o hablando de lo que conseguiste a raíz de ello.

A pesar de esta advertencia me solía encontrar con mucha gente que parecía empeñada en escribir acerca de los beneficios que consiguen como si esto fuera la razón de la experiencia. Tenían dificultades a la hora de redactar un nuevo marco que exprese la esencia del nuevo paradigma. Por ello, escribí el ensayo siguiente y lo publiqué en mi blog. Espero que te sea de ayuda.

Entrada del blog, agosto 2007

La idea de que todo se despliega de acuerdo con un Plan Divino y que por ello no hay nada que perdonar, lo cual es la esencia del *Perdón Radical,* es difícil de implantar en la realidad diaria. Por eso hemos creado cierto número de herramientas que nos ayudan a expresar nuestra disposición a abrirnos a esta posibilidad y eso, afortunadamente para nosotros, es todo lo que hace falta para que el proceso funcione.

No obstante, las herramientas de Perdón Radical nos invitan a *ver la perfección* en la situación y en algunos casos a redactar un nuevo marco específico. La gente encuentra muy difícil realizarlo en el proceso de *Perdón Radical*, por eso este ensayo está dedicado a aclarar lo que podría considerarse un marco apropiado y lo que no lo es.

Inherente al proceso de Perdón Radical se encuentra la noción de que no estamos intentando cambiar nada en el mundo. Quiero aclarar que no estamos creando nada realmente cierto. Sólo estamos intercambiando una historia por otra, una interpretación por otra, un paradigma por otro.

Cuando renmarcamos una situación, intercambiamos una serie de supuestos enraizados en el mundo de la humanidad por otro enraizado en el mundo invisible y esencialmente misterioso del Espíritu. Lo que cuenta no es la veracidad de la historia sino cómo la renmarcamos con supuestos anclados en el Mundo del Espíritu, siendo eso la prueba de si se trata de un nuevo marco de *Perdón Radical* o no.

Es muy habitual que la gente e incluso coaches de *Perdón Radical* experimentados y acreditados expresen su nuevo marco en términos de haber recibido un *regalo*, una *lección* o incluso una *sanación*, lo cual en todos los casos y a todos los efectos sigue firmemente anclado en el Mundo de la Humanidad aunque venga expresado en lenguaje espiritual. A pesar de todo, no superan la prueba.

En el trascurso de una conversación con una muy buena amiga mía, superviviente del Holocausto, me habló de una exposición en el Museo del Holocausto de Auschwitz, en Alemania, que reunía una enorme pila de zapatos de niños. Se los habían quitado a los niños antes de gasearlos. Como puedes esperar, la exposición producía un efecto sumamente visceral y profundo en cualquiera que la viera.

Como alumna de Perdón Radical, intentó renmarcarlo de alguna manera en su propia historia de haber formado parte de esa terrible experiencia. Dijo que el nuevo marco podía ser que el *regalo*, de nuevo esa palabra y siempre esa trampa, era que el alma de los niños se designó voluntaria para morir de esa manera para que la gente que viera la pila de zapatos se asegurara de no empezar nunca más una guerra ya que los niños siempre son las víctimas. Y en este sentido, dijo, había un propósito divino en lo que ocurrió.

En esta afirmación se encontraban dos supuestos enraizados en el Mundo del Espíritu. Uno era que no hay muerte y que las almas eligen cuándo y cómo hacer su transición, a la vez para entrar y salir de la forma humana. El segundo era que había un propósito divino incluso en aquella situación. Hasta aquí se podía contar como replanteamiento parcial. Pero inventar que tenía que ver con *acabar con las guerras* lo devolvió directamente al Mundo de la Humanidad. Por eso, decimos que falló la prueba. No era un nuevo marco auténtico de *Perdón Radical*. Aunque el resultado pudiera ser lo que dijo, algo imposible porque no alcanza la raíz de por qué los seres humanos se matan entre ellos, este sería sólo un *efecto*, no un nuevo marco, simple causa y efecto que operan ambos en el Mundo de la Humanidad, no en el del Espíritu.

Mi nuevo marco para la historia de los zapatos, eso sin haber visto la exposición lo cual podría influirme, podría ser así: *Las almas que habitaban el cuerpo de aquellos niños se encarnaron con la misión específica de ser asesinados de una manera especialmente espantosa para enseñarnos que todos somos Uno, que la separación no es real, que la muerte no es real y que cuando insensiblemente matamos a un niño aparentemente inocente, nos matamos a nosotros mismos. Que somos hijos de Dios, la* hijada Una.

Podría ser también parte de un marco más amplio del que he hablado públicamente en el pasado e impartido seminarios y es que la lección anímica inherente al Holocausto consistía en soltar la *conciencia de víctima* que el pueblo judío asumió representar hasta el extremo. También concernía al error de sentirse *especiales* que los alemanes demostraron hasta el mismo extremo. El único opuesto significativo para el victimismo y el hecho de sentirse especial es la Unicidad.

Anticipando el argumento de que falló la prueba el nuevo marco incluido en la Historia de Jill, en el capítulo 1 de mi libro *El Perdón Radical*, ya que lo enfoqué a salvar el matrimonio de mi hermana y a *sanar* sus creencias negativas profundas de que su padre no la amaba, permíteme decir lo siguiente. Si sólo tratara de eso, fallaría la prueba. De lo que realmente se trataba, y Jill lo consiguió de verdad, fue que su propia Inteligencia Espiritual creó todo el guión como una oportunidad de aprender que era amada, estaba entera y completa con o sin un hombre, que era del todo responsable de su vida y que sólo el Espíritu es real. Todo lo demás era mera ilusión, una historia de víctima basada en el Mundo de la Humanidad que ella fue capaz de soltar.

Espero que esto te ayude en el proceso de hacer una plantilla de Perdón Radical, especialmente en el paso número 18. Dicho esto, no importa lo que escribas en la plantilla. La intención de hacerla es suficiente. ¡No puedes fallar! ¿Crees que a Dios le preocupa que no apruebes el test del nuevo marco? Me parece que no.

El lenguaje

Otra cosa que he encontrado de ayuda para acertar la formulación de un nuevo marco es esta lista de declaraciones bastante próximas a las del proceso CD de los 13 Pasos de Perdón Radical. Podrás seleccionar y utilizar cualquiera de las frases para crear tu nuevo marco.[55]

1. Aunque no entienda por qué, estoy dispuesto a reconocer que mi alma creó esta situación para mi crecimiento espiritual y que, en este sentido, recibí exactamente lo que quería inconscientemente de X (12).

---

55. En algunos casos encontrarás entre paréntesis el número de la pregunta de la plantilla de Perdón Radical.

2. Estoy dispuesto a contemplar la posibilidad de que pedí a X darme esa experiencia a fin de experimentar separación (8).

3. Ahora soy capaz de ver que esta situación me está dando una oportunidad de sanar mi percepción errónea de estar separado y solo.

4. Por eso estoy preparado y listo para cancelar mi contrato con X y a soltar mi necesidad inconsciente de seguir siendo una víctima.

5. Estoy dispuesto a soltar la necesidad de juzgar la situación como correcta o incorrecta, como buena o mala y, aunque no pueda explicar cómo ni por qué, estoy dispuesto a permitir que la situación sea perfecta tal como es (13).

6. Estoy dispuesto a abrirme a la idea de que esta persona me está ayudando a reconectar con mi auténtica naturaleza y a acceder a mi poder interior.

7. Ahora reconozco que perdonando a X me he perdonado a mí mismo.

8. Ahora soy capaz de soltar la necesidad de condenar y de tener razón acerca de ello y estoy dispuesto a ver la perfección en la situación tal como es (13).

9. Ahora me doy cuenta de que X estaba desarrollando un papel para mí y que estábamos cada uno cumpliendo con nuestra parte del contrato de almas que acordamos antes de encarnarnos. Por eso, todo fue perfecto y no hay nada que perdonar.

10. Suelto mi necesidad de hacer de X el responsable de mi infelicidad.

11. Reconozco que retrayendo amor por X (*juzgando*) estaba retrayendo amor por mí y por ti, X. Te libero, X, para que seas como Dios te creó y suelto mis expectativas y mi necesidad de que seas diferente (5).

12. En lugar de vivir con la pregunta de víctima *¿Por qué?*, ahora elijo vivir con la pregunta ¿cuál puede ser la bendición para mí?, por tenerte, X, en mi vida.

EJERCICIO

1. Revisa cada una de tus historias y formula cuidadosamente por escrito un nuevo marco para todas ellas. Como preámbulo antes de empezar, no tenemos más que mirar lo que te invita a decir el paso 16 de la plantilla de Perdón Radical.

16. Ahora me doy cuenta de que lo que estaba experimentando, mi historia de víctima, era un reflejo preciso de mi percepción de la situación, limitada al Mundo de la Humanidad. Ahora entiendo que puedo cambiar esa *realidad* simplemente estando dispuesto a ver la perfección de la gran panorámica espiritual en la situación. Por ejemplo:

2. Después de haber completado todos los nuevos marcos, por escrito en un diario, lee en voz alta la declaración siguiente extraída de la plantilla:

17. Me perdono completamente a mí mismo (tu nombre), y me acepto como ser amoroso, generoso y creativo. Suelto toda necesidad de aferrarme a emociones e ideas de escasez y limitación relacionadas con el pasado. Recupero mi energía del pasado y quito todas las barreras contra el amor y la abundancia que sé son míos en este momento. Creo mi vida y tengo el poder de ser auténtico de nuevo, de amarme y apoyarme tal como soy en todo mi poder y magnificencia.

18. Ahora me entrego al Poder Superior que yo llamo _____, y confío en saber que la situación seguirá desplegándose en perfección y de acuerdo con la orientación divina y las leyes espirituales. Reconozco mi Unicidad y me siento totalmente reconectado con mi Fuente. Soy restaurado en mi verdadera naturaleza, que es AMOR, y ahora restauro Amor a X. Cierro los ojos para sentir el AMOR que fluye en mi vida y siento la alegría que produce sentir y expresar Amor.

3. Medita unos dos minutos sintonizando con ese Amor y esa alegría.

24. Escribiendo tres cartas

He llegado a considerar que no hay mejor modo de disolver la energía de un agravio, como medio de crecer en el Amor, que escribir esas tres cartas tal como voy a describirlo. Es especialmente cierto cuando mucha energía y mucho dolor están asociados con la historia. Cada carta se escribe con un ánimo y una energía muy diferentes en cada caso. Por eso te recomiendo dejar pasar unas veinticuatro horas entre una y otra.

Hacer la plantilla de Perdón Radical tiene ciertamente el mismo efecto que redactar esas tres cartas, pero hemos comprobado que éstas parecen abrir más el corazón. La segunda carta en especial favorece la compasión, la empatía y la comprensión y por eso este proceso ofrece una mejor oportunidad de expansión en el Amor que la plantilla. Por esta razón sugeriría a cualquiera que tenga algún tema con una pareja sentimental, pasada o presente, que use esta herramienta en particular.

Funciona realmente bien cuando estás enojado acerca de algo que acaba de ocurrir y funcionará igual de bien con algo que ocurrió hace mucho tiempo incluso si la persona ya murió o se encuentra ausente. Recuerda que no estás haciendo esto por la otra persona sino por ti mismo a fin de crecer en el Amor. Y en ningún caso dirás a esta persona que la estás perdonando. No necesita saber y no necesitas decírselo. Si sientes que se lo tienes que decir, fíjate en tu necesidad de control o manipulación sobre la otra persona.[56] Se enterará de todas maneras

---

56. Porque es lo que significa decirles que les has perdonado.

energéticamente de que algo ha cambiado entre tú y él/ella porque, como vimos en el capítulo anterior, está conectada contigo a nivel energético.

Nota: Las cartas escritas en este proceso nunca se enviarán.

Carta 1

Esta carta es la más fácil de escribir porque en esencia es tu historia de víctima. Seguro que la has repasado mentalmente miles de veces, así que cuando empieces a escribir el lenguaje brotará como un torrente acusatorio e incluso vengativo, siempre que no lo censures. Déjalo estallar y que la persona se entere de lo mucho que te ha dolido, herido, perjudicado, etcétera. No la excusarás y serás despiadado. Aquí, todo lo que sabes es que eres la víctima de la situación. Ventila toda tu ira y tu rabia en esta carta. No te retengas. Puedes amenazarle con vengarte de la manera más vil si esto te hace sentir bien. Sigue escribiendo hasta que no te quede nada por decir. Sácalo todo. Quizá necesites varias páginas.

El proceso de escribir esta carta te puede hacer verter muchas lágrimas, lágrimas de rabia, de tristeza, de resentimiento y de dolor. Déjalas fluir. Ten a mano una caja de pañuelos de papel. Si estás enojado grita contra una almohada o realiza algún tipo de ejercicio físico para ayudarte a sentir tu ira. *¡Recuerda que bajo ninguna circunstancia enviarás esta carta!*

Carta 2

Es una carta más difícil de redactar y te pide reflexión. Para eso, tal como he dicho, es mejor hacerla al día siguiente, después de serenarte un poco y haber dormido. Esto permite que haya un ciclo de sueños entre las dos cartas para que la mente subconsciente la procese. Dicho esto, no alargues más de dos días el intervalo entre la primera y la segunda carta.

Si la primera carta expresa la cruda historia de víctima, la segunda te permite reducir el volumen de energía invertida en dicha historia al darte cuenta de que el dolor corresponde con lo que realmente ocurrió y el sufrimiento con toda una espiral de interpretaciones, supuestos, expectativas fallidas, etcétera, con las que inflaste la historia.

Por eso esta carta debería ayudarte a discernir en la historia entre lo que era cierto y lo que imaginaste ser cierto. En este sentido, esa parte de la carta se asemeja a un diálogo contigo mismo acerca de lo que ocurrió, como si estuvieras reflexionando sobre todo el asunto, intentando darle sentido, destripando y anotando todo lo que inventaste acerca de la historia y que sencillamente no era cierto.

Soltar lo que más razón y juego te ha dado en tu historia requiere humildad y valor. También llegarás a dar cuenta en esta carta de que lo mucho que inflaste la historia revela un patrón con el cual reiteradamente has activado una serie de creencias acerca de ti mismo y de la vida. Es probable que te hayas aferrado a esas creencias durante mucho tiempo y que han ido manifestando circunstancias muchas veces antes que ésa.

La segunda parte de la Carta Dos tendrá que ver con el sentimiento que esperamos normalmente se exprese con lo mejor del perdón habitual. Éste sigue firmemente enraizado en la conciencia de víctima según la cual no permites que la persona se libre de la condena de ser quien cometió el crimen pero sí te pide ser más conciliador, comprensivo y empático y darle algún respiro. También te pide ponerte en el lugar del otro e imaginar si en sus circunstancias o con su mentalidad no habrías hecho lo mismo.

Necesitarás tener en cuenta cómo se crio y las experiencias de su vida. Por ejemplo, quien haya sido herido tiende a proyectar su rabia en otra persona. Quien abusa de los niños casi siempre sufrió abusos de niño. Quien fue abandonado en la infancia es susceptible de abandonar a otros más tarde en su vida. La tarea con esta carta, pues, es hacer todo lo que puedas para aportar humildad, tolerancia, comprensión y compasión a la situación aunque no las estés sintiendo. Te propongo un ejemplo de mi propia experiencia.

Mi primera esposa, ya fallecida, y yo llevábamos casados seis años y en aquella época yo me encontraba estudiando a tiempo completo para graduarme en la universidad. Durante las vacaciones de verano, estuve de acuerdo en quedarme en casa y cuidar de nuestros tres hijos mientras ella volvía al mundo laboral durante esos meses. Ella echaba de menos ese estilo de vida. Resulta que se enamoró de un tipo y descubrí más tarde que tuvo sexo con él el día de nuestro sexto aniversario de boda. Como puedes imaginar, yo estaba furioso y representé el papel de víctima hasta la saciedad.

Meses después, cuando fuimos capaces de tener una conversación sensata acerca del episodio, llegué a entender lo que había ocurrido y empecé a verlo desde su punto de vista. Al parecer enloqueció de forma total e irracional por aquel hombre. Evidentemente, estaba casado y no tenía intención de ir más allá. Ella estaba sufriendo tanto que empecé a olvidar mi propio dolor y a sentir compasión por ella. No era una persona promiscua ni irresponsable y que esto ocurriera no era normal en ella. Al mirar atrás se dio cuenta de que el tipo sólo la usó para tener un poco de sexo extramarital, ella no lo vio así entonces. Había fantaseado con toda clase de escenarios acerca de él.

Lo que alcancé a entender es que mi mujer estaba desquiciada con lo que ella pensó era amor. No tenía ningún control sobre sus emociones sino que éstas la controlaban a ella totalmente. Estaba obnubilada por él y me di cuenta de que ella no había podido hacer nada al respecto. Cuando todo terminó, recobró sus sentidos y vio lo cerca que había estado de arruinar su vida y herir a sus hijos, se sintió devastada y profundamente avergonzada.

Como he dicho, al principio me sentí enojado, herido y victimizado pero cuando llegué a ver lo que realmente ocurrió en contraste con lo que creía que había ocurrido, empecé a sentir lástima por ella por el dolor que había.

Mientras estuve maniatado en Victimlandia acerca de lo que había pasado, inventé que todo se refería a mí y a los niños. En mi mente creé la historia de que ella lo debía de haber hecho para herirme y castigarme por todo lo malo que había en nuestro matrimonio. La condené por todo y la juzgué como mala esposa y madre. Inflé la historia en mi mente e imaginé toda clase de cosas que nunca habían ocurrido realmente. Me acusé de ser un marido débil e irresponsable, porque si no, ¿por qué habría ido a buscar algún otro? Inventé ser sexualmente inepto, sobre todo cuando me contó que sólo se había sentido satisfecha con él. Me sentí como un incompetente sexual y seguro de que nunca podría satisfacer a una mujer.

La segunda carta que podría haberle escrito hubiera sido:

Querida Jean,

Me sigo sintiendo muy dolido y herido por el hecho de que me engañaras y tuvieras un encuentro sexual con él en nuestro aniversario de boda, esto duele mucho. Me sentí totalmente traicionado y no pude evitar pensar que lo hiciste para castigarme.

Pero, desde que hablamos, me he dado cuenta de que no lo hiciste con malicia ni contra mí y que tu intención nunca fue buscar a otro con quien acostarte, aunque sí lo dije. Yo sé que no eres así y que no está en tu naturaleza ser cruel o desconsiderada.

Me doy cuenta de que asumí sentimientos negativos hacia mí mismo y te juzgué por haberlos generado. Ahora sé que no eran ciertos. Puedo ver que estabas totalmente controlada por tus sentimientos e incapaz de ver con claridad o razonar lo que estabas haciendo. Y tus sentimientos eran tan intensos que estabas temporalmente más o menos fuera de tus cabales. Lo que me lo indica es el hecho de que admitieras ser tan irracional que habrías abandonado a los niños y te habrías ido con él. Eso es demasiado extraño a tu carácter porque te dedicas enteramente a tus hijos.

Nunca habías tenido una experiencia emocional tan intensa y así puedo entender cuánto tuvo que desestabilizarte y confundirte hasta el punto de que perdiste de vista la realidad. Pobrecita, estabas tan confundida que tuvo que ser horrible para ti a pesar de los momentos de éxtasis. Y luego cuando él desapareció y te dejó sola con tu sensación de culpa y vergüenza debió de ser terrible para ti.

Pero también debes entender lo mucho que me hirió y me hizo sentir desvalorizado e incompetente. Necesito que asumas la responsabilidad de eso porque el hecho es que lo hiciste y era una traición por mucho que la justifiques. Estoy dispuesto a recuperarte en mi vida pero no sé si podré volver a confiar en ti. ¿Cómo podría después de lo que hiciste?

Colin

Carta 3

Mientras que las dos primeras cartas expresan tus pensamientos y sentimientos auténticos, no será lo mismo para la tercera, que equivale a un intento de *fingirlo-hasta-conseguirlo* dibujando el nuevo marco. Aunque con ésta te sientas como un impostor, la escribes como si te lo creyeras, con el mismo fervor y la misma aplicación que en las dos primeras cartas. No importa, tu cuerpo lo captará.

Con esta carta procuras describir una nueva interpretación de la situación, basada en los principios del Perdón Radical. En otras palabras, escribes que ahora te das cuenta de que, desde el alma, la persona actuó desde el amor al hacer lo que hizo porque era lo que tú, tu alma, deseaba experimentar. En realidad, la habías reclutado para hacértelo no a ti, sino para ti.

Es incluso probable que antes de encarnaros tú y esa persona acordarais que te proporcionaría esa experiencia. Dicho de otra manera era un contrato de almas. Todo lo que ahora eres capaz de sentir por él/ella es gratitud. Puedes utilizar todos los recursos incluidos en los capítulos anteriores para lograr escribir esta carta, pero como ejemplo permíteme indicar lo que yo habría escrito como tercera carta a mi exesposa.

Querida Jean,
Ahora me doy cuenta de que tú y yo hemos estado bailando una danza divina como dos almas que se apoyan mutuamente en el cumplimiento de nuestro deseo de experimentar el dolor de la separación desde diver-

sas formas. Después de compartir tantos sentimientos conmigo acerca de cuán rechazada y traicionada por el hombre de quien estuviste enamorada te sentiste, así como culpable y avergonzada por haberme traicionado, sólo puedo imaginar que ésas eran las calidades de emoción que habías elegido experimentar en cierto momento de tu vida.

Me doy cuenta de que lo elegiste probablemente antes de que nos encarnáramos y que yo, como miembro de tu grupo de almas, estuve de acuerdo en ser quien fuera herido. Me apresuro a decir que no sólo era para ayudarte. Mi alma quería la experiencia de ser humillado y traicionado y por eso enrolé tu alma para proporcionarme esa oportunidad en pos de mi crecimiento espiritual y la evolución de mi alma.

Por tanto, fue un acuerdo de mutuo beneficio y tú y yo lo escenificamos a la perfección. Fuimos ángeles sanadores el uno para el otro. Esto ocurrió a una edad temprana para mí en que era extremadamente inseguro en cuanto a mi sexualidad y muy vulnerable, por eso el momento fue perfecto. Me llevó exactamente adonde mi alma quería llegar, al horrible dolor de los celos, la ira, el resentimiento, la tristeza y la vergüenza.

La experiencia que me proporcionaste aceleró mi sanación y crecimiento que, a su vez, me capacitó para desarrollar el trabajo que estoy haciendo ahora en esta vida en lugar de en una vida futura. Ahora está claro para mí que no hiciste nada malo y que todo formaba parte de un Plan Divino.

Me siento muy agradecido por lo que estuviste dispuesta a hacer por mí, especialmente porque te causó mucho dolor y angustia a nivel de la experiencia humana. Fuiste una bendición en mi vida entonces. Al haber completado lo que acordamos antes de encarnarnos, se aclaró para nosotros que el propósito de nuestra relación se había cumplido en esencia y que era hora de dar un paso. Nuestros hijos nos habían elegido como padres sabiendo que esto formaba parte de nuestro contrato y que les proporcionaría uno de sus retos. Por eso fue perfecto que nos separásemos en aquella época y cada uno se fuera en una dirección. Elegiste el cáncer como medio para pasar de esta vibración a la de Unici-

dad, que estoy seguro ahora experimentas en su máxima extensión, después de haber tenido el regalo de experimentar lo opuesto. Mi alma espera conectar contigo otra vez del otro lado.
Con amor,

Colin

Ayúdate con el lenguaje sugerido en el capítulo anterior para formular un nuevo marco.

El resultado será que te sentirás mucho mejor después de haber escrito estas tres cartas y, si la situación aún es vigente, ésta se resolverá sola con bastante rapidez.

Autoperdón

Puedes hacer lo mismo para el Autoperdón Radical. Escribes las mismas cartas a ti mismo. Quizá te resulte útil hacerlo ya que a menudo, en el proceso de perdonar a otro, entras en contacto con algo de culpa y vergüenza porque las cosas pueden haber sido al menos en parte tanto culpa tuya como de los demás.

Básicamente lo que haces es escribir la primera carta desde la posición de victimario confeso, arremetiendo contra ti mismo por lo que has hecho. ¿Adivina a quién pedirás ayuda para escribir esta carta? Obviamente, a tu juez interior. Él o ella disfrutará con la tarea y lanzará una diatriba de críticas contra ti, procurando por todos los medios que te sientas tan culpable como le sea posible. Al escribir esta carta te sentirás como canalizador de lo que dictamina tu autojuez interior.

En la segunda carta jubilarás al juez interior hasta cierto punto cambiando a canalizar tu autoamoroso ser que proporcionará algunas contraprestaciones a la estridente crítica de tu autojuez aportando suficiente compasión y comprensión a la situación como para reducir el nivel de culpa y vergüenza dentro de ti y aumentar tu nivel de autoaceptación.

En la tercera carta, que consiste en renmarcar la situación, escribirás a tu yo superior como considerando que lo que hiciste estaba destinado a ocurrir por la razón que sea y que te das cuenta de que no hay nada por lo cual necesitas ser perdonado a nivel espiritual. Tu yo superior siempre contestará *sí* porque conoce la verdad.

Como ya indiqué, el Perdón Radical es un proceso *fíngelo-hasta-conseguirlo*, y lo mismo ocurre con el Autoperdón Radical. En ambos casos, la primera carta es fácil de escribir porque tiende a reflejar tu estado anímico del momento. Escribir la segunda carta es bastante más difícil. Tienes que esforzarte para encontrar auténtica compasión y comprensión hacia el perpetrador o hacia ti si estás haciendo el autoperdón. Seguramente tendrás que fingir mucho en la segunda carta, pero, descuida, seguirá funcionando a nivel subconsciente.

En cuanto a la tercera carta, a menos que hayas integrado la filosofía del Perdón Radical en tu estado de conciencia diario, es casi seguro que tendrás que fingirla del todo. Pero, de nuevo, todo está bien. Tu Inteligencia Espiritual lo captará y por eso enseguida te sentirás mejor, sin importar lo escéptico que te sintieras al escribirla.

25. Desengancharse

En cualquiera de esas historias encerradas en cajas en tu desván, se encuentran algunos sentimientos de culpa y de vergüenza asociados con ellas que bien pueden estar gritando y reclamando algo de auto-perdón por tu parte. Conviértelo en una prioridad.

La culpa y la vergüenza son muy eficaces creando separación. Como ambas son emociones muy tóxicas y de baja vibración, necesitarás tras-formar esas energías lo antes posible después del despertar. Primero las vamos a definir a fin de saber con qué estamos tratando.

La culpa es remordimiento por algo que has hecho o deberías haber hecho. La vergüenza es remordimiento acerca de quién crees que eres. Son diferentes pero a menudo están conectadas. *Me siento culpable por haber hecho esto, pero me avergüenzo de mí mismo por hacerlo y soy una muy mala persona.*

Todo el mundo concuerda en que perdonarse es mucho más difícil que perdonar a otros. De hecho, aunque hayas perdonado a otros *ahí fuera*, siempre existe el riesgo de sucumbir a la tentación de darle la vuelta y proyectar todo hacia uno mismo. Es una reminiscencia del viejo paradigma en el que sentimos que alguien debe ser condenado por lo que ocurrió. Y si no es culpa suya, entonces debe ser la nuestra.

La clave para entender cómo esas energías son trasformadas es lle-gar a conocer para qué parte de nosotros estamos invocando el perdón. Cuando estamos perdonando a otros, es fácil ver que somos el perdo-nador y el otro la persona a perdonar.

Pero, cuando procuramos perdonarnos a nosotros mismos, intentamos a la vez ser el perdonador y el perdonado. Somos juez, jurado y testigo para el mismo pleito. El problema se complica aún más porque no somos un yo único, somos toda una comunidad de *yos*, y cada uno tiene su propio punto de vista sobre el asunto. Los principales actores en el ámbito del autoperdón son el juez interior y el padre/madre crítico. Estoy seguro de que esos dos personajes te resultan familiares. El juez interior siempre te está diciendo que eres culpable y mereces un castigo. Por su lado el padre/madre crítico no deja pasar una ocasión de avergonzarte de una u otra manera. Ambos están programados para no concederte nunca el autoperdón.

Con estos dos personajes al mando, no hay solución. Es por eso que el autoperdón tradicional nunca puede funcionar. El juez interior y el padre/madre crítico usan su derecho al veto. Otros personajes quizás intenten pelear por ti y granjearte algo de compasión pero esos dos *malos* no dejan pasar nada. Su respuesta siempre es NO.

Tenemos que buscar soluciones en otro lugar. Si las probabilidades no están a tu favor con ese tribunal, deja de dirigirte a él. Apela a una corte diferente y a un juez alternativo, uno que te ama, te entiende totalmente y que siempre dirá SÍ, cuando pidas perdón. Ése es tu yo superior. No es que sea más benevolente o un gran sentimental fácil de convencer, no. Dirá Sí porque sabe quién eres, sabe por qué estás aquí y qué has venido a hacer. Y comprende que nunca en toda tu vida has hecho nada malo ni has cometido error alguno. Esto significa que no hay nada que perdonarte y ¡punto final!

Para realizar esta llamada al Yo superior es preciso informar la parte de ti mismo que tiene acceso directo con ese Yo, y que es tu Inteligencia Espiritual. Es fácil. Lo único que necesitas es escribir una plantilla de Autoperdón, darle la información y dejar que tu Inteligencia Espiritual se cuide del resto. Es como tener tu propio abogado con acceso directo al juez supremo del país.

EJERCICIO

1. En tu diario, haz una lista de todas las cosas que percibes precisan algo de autoperdón. ¿Por qué cosas te recriminaste? ¿Por qué cosas te juzgaste? ¿En qué has estado diciéndote *deberías*? ¿Qué decía tu conversación interior? ¿Qué te ha estado diciendo tu crítica interna?

2. Contempla la situación en términos humanos y decide si tu culpa era justificada o no. En otras palabras, pregúntate si tenías derecho a sentirte culpable o asumiste la culpa cuando, de hecho, no era ni culpa ni responsabilidad tuyas.

   Un ejemplo: eras el propietario de una fábrica muy negligente con los temas de salud y seguridad. Un trabajador resultó gravemente herido porque la máquina en la que estaba trabajando no tenía dispositivo de seguridad. ¿Deberías sentirte culpable? Sí, por supuesto. Pero si has hecho todo lo posible para que esa máquina sea segura y el operador quitó la seguridad para aumentar su prestación porque su salario depende del número de piezas producidas, ¿tienes derecho a sentirte culpable? No. Éste es un caso muy claro aunque no siempre lo parece y vale la pena analizar detenidamente cada situación.

3. Ahora lee en voz alta las afirmaciones siguientes y marca DE ACUERDO o NO DE ACUERDO.

1. Aunque no entienda cómo ni por qué, estoy dispuesto a abrirme a la posibilidad de que la situación quizá tuviera un propósito y que mi Yo Superior la creó para mi crecimiento espiritual.

   DE ACUERDO/NO DE ACUERDO

2. Ahora me doy cuenta de que mi enojo es un reflejo directo de algo que necesita ser sanado y que, a pesar de que quizá no lo pueda ver, el mensaje de sanación está contenido en la situación.

   DE ACUERDO/NO DE ACUERDO

3. Aunque sea responsable y tenga que rendir cuentas por mis acciones en el Mundo de la Humanidad, estoy sin embargo dispuesto a soltar mi necesidad de juzgarme a mí mismo o de juzgar mi acción como acertada o no, como buena o mala. Aunque no pueda explicar por qué, estoy dispuesto a permitir que la situación sea tal como es sin asociarle un juicio.

DE ACUERDO/NO DE ACUERDO

4. Me abro a la idea de que mi forma de ser hasta ahora, como soy ahora, todo lo que he hecho y lo que estoy haciendo tiene un propósito en el gran programa de las cosas y que lo que juzgo acerca de mí puede ser exactamente lo que me corresponde en el Plan Divino, incluso hasta el punto de haber ejercido o ejercer o representar el papel de ángel de sanación para alguien.

DE ACUERDO/NO DE ACUERDO

5. Aunque no tenga ni idea de cómo actué como ángel de sanación ni para qué personas, estoy dispuesto a aceptar y sentir aquí y ahora mismo su apreciación profunda porque acepté hacerlo por ellas a costa de muchísima incomodidad para mí.

DE ACUERDO/NO DE ACUERDO

6. Estoy dispuesto a abrirme a la idea de que atraje a esas personas en mi vida, que subconscientemente recibimos ellos y yo exactamente lo que pedimos y que eso nos capacitó para soltar nuestra adicción a ser víctimas.

DE ACUERDO/NO DE ACUERDO

7. Ahora estoy dispuesto a reconocerme y valorarme por hacerlo y sentir gratitud hacia quien esté danzando esa danza conmigo y es un ángel de sanación para mí.

DE ACUERDO/NO DE ACUERDO

8. Ahora reconozco que al estar dispuesto a ver la perfección en la situación, de hecho, me he perdonado a mí mismo y a la otra persona.[57]

DE ACUERDO/NO DE ACUERDO

---

57. Estas declaraciones están extraídas del CD de los trece pasos de Autoperdón Radical.

26. Llora tus pérdidas

Seguramente no hay mayor dolor de separación que el que sentimos tras la muerte de un ser querido. Lo sentimos aún más cuando la muerte es temprana, inesperada o trágica. No obstante, no siempre se corresponde con la pérdida de personas. La muerte de una mascota puede ser igual de traumática para nosotros.

Tampoco olvidemos que sufrimos al perder cosas como el trabajo, la casa, una relación, nuestro estilo de vida favorito, nuestra libertad, cuando somos encarcelados, etcétera. Aunque el proceso de gestionar una pérdida resulta ser más o menos el mismo sea cual sea dicha pérdida, es cierto que el dolor sentido por el fallecimiento de un ser querido suele ser la pérdida más intensa que podemos llegar a sentir.

La mayoría de nosotros experimentamos esa forma de separación en el trascurso de nuestra vida, pero al menos en las sociedades occidentales no nos autorizamos a llorar todo lo necesario teniendo en cuenta la intensidad del sufrimiento que una muerte puede generar. Mientras en otras culturas la gente observa cierto número de rituales muy elaborados y se reserva largos períodos de tiempo para llorar, se espera de nosotros que suprimamos el dolor, estemos de baja unos días y de vuelta al trabajo en cuanto antes.

Por eso la mayor parte de las personas deberían revisar sus pérdidas a fin de completar el proceso de llorarlas y descubrir que es muy beneficioso. Esto es especialmente cierto si falta algo de perdón, lo cual suele ser el caso. Forma parte de nuestra actitud frente a la muerte pensar siempre que no debería haber ocurrido o, si lo hace, que alguien habrá fallado o de alguna forma tiene la culpa.

Es por eso que en Estados Unidos los médicos deben pagar seguros muy altos para protegerse legalmente frente a una eventual denuncia cuando alguien fallece bajo su cuidado y que los costes médicos en los últimos meses de vida de una persona representan el 85 por 100 del total de los costes médicos. Las familias insistan a los facultativos a hacer todo lo posible para mantener en vida a la persona, sin importar el gasto ni la escasa calidad de vida que eso supone. ¡Todo menos la muerte! Y cuando ésta ocurre, quieren acusar a alguien y responsabilizarlo del dolor que sienten.

También es corriente achacar a la persona que murió la responsabilidad del dolor. La muerte es el abandono supremo y así lo sentimos. Los niños que pierden a sus padres a menudo lo perciben como un abandono y nunca logran perdonar a su padre/madre por haber muerto y haberles dejado.

EJERCICIO

Haz una lista de los incidentes en tu vida en que la muerte te separó de alguien importante para ti.

1. En una escala del uno al diez, valora cuánto dolor sentiste o sientes por su pérdida. Uno sería prácticamente ninguno y diez intenso duelo y sufrimiento.
2. ¿A quién culpas o consideras responsable del fallecimiento de dicha persona?
3. ¿Qué sentimientos tuviste inmediatamente después de su muerte?
4. ¿Qué sentimientos tienes ahora?

Naturalmente, esto varía según las circunstancias de la muerte. Por ejemplo, si tu madre murió en paz a la edad de noventa y cinco años tras una larga y feliz vida y estaba empezando a enfermar, tu duelo será muy diferente de si murió relativamente joven, atropellada por un conductor que se dio a la fuga. Los padres que pierden a un hijo sufren mucho. Que un hijo muera antes que sus padres no entra en el orden de las cosas.

Duelo Radical

¿Qué ofrece el Duelo Radical, como una de las estrategias del Método Tipping, que sea diferente? A estas alturas del libro, seguramente puedas imaginar lo que este sistema de duelo tiene que ofrecer para ser calificado de radical. ¿Acaso ya no he explicado otras formas de dolor y sufrimiento en el contexto del nuevo paradigma y tenido en cuenta el supuesto de que todo lo que ocurre forma parte del Plan Divino? Entonces, ¿por qué no la muerte?

Las etapas del duelo

El planteamiento más habitual acerca del duelo que quizá te resulte familiar es ayudar a la gente a atravesar las cinco etapas del duelo. Pueden variar un poco pero básicamente siguen el siguiente formato:

1. Trauma y negación
2. Ira
3. Depresión
4. Regateo
5. Aceptación

En quien todo el mundo piensa como creadora del manual para el duelo es Elisabeth Kubler-Ross, pero por lo visto no es del todo acertado. Sus fases no trataban tanto del duelo como de las que suelen atravesar los enfermos de cáncer al final de su vida. No obstante sentó las bases de la idea de que, cuando perdemos a alguien, recorremos una espiral, un camino tortuoso que empieza con un trauma y negación y desemboca en aceptación y alivio.

La mayoría de los libros y programas en la red se centran en este planteamiento y si quieres investigarlo un poco más sólo tienes que buscar en Google *etapas del duelo* y encontrarás muchos recursos a tu disposición. Pero en lo que me quiero concentrar ahora es en cómo podríamos gestionar el duelo desde la perspectiva del Duelo Radical.

No te sorprenderá constatar que el Duelo Radical sigue más o menos los cinco pasos característicos del Perdón Radical: contar la historia, sentir los sentimientos, colapsar la historia, renmarcar la historia, integrar la nueva historia. Además existe algo de correlación entre esos pasos y los del duelo habitual si bien sólo al principio.

Las tres primeras etapas están relacionadas con las etapas de duelo descritos habitualmente: trauma (contar la historia), ira y depresión (sentir los sentimientos) y parte de la *negociación* (colapsar la historia).

Permíteme declarar aquí y ahora que apoyo totalmente la noción de que debemos autorizarnos a sentir todos los sentimientos y sentirlos plenamente. Son el duelo, la ira, la rabia, la decepción, la soledad, la tristeza, la culpa y otros sentimientos que pueden estar incluidos.

El Duelo Radical no es una manera de cortocircuitar nuestro duelo. Es una manera de trasformarlo. Pero no puede ser trasformado si no nos permitimos sentir primero el dolor. Entonces debemos sentir la ira, la depresión, la culpa, la tristeza y la rabia tanto tiempo como necesitemos a fin de mantener la energía en movimiento. Sólo entonces podremos avanzar hacia la trasformación de esos sentimientos.

Donde acaba la correlación entre el planteamiento habitual en cinco etapas del duelo y el Duelo Radical es en cómo completamos la *negociación* y llegamos a un estado de aceptación. El planteamiento de las cinco etapas de la muerte se refiere al viejo paradigma y supone que el paso cinco, la aceptación, consiste en aceptar todo de acuerdo en cómo funcionan las cosas en esa vieja visión del mundo. Aunque lleguemos a un estado de paz y seamos capaces de salir adelante, seguimos sintiéndonos *mal* por lo ocurrido. Este dolor es diferente del que sentimos al echar de menos a las personas. Trataremos esta distinción en un momento.

Por otro lado, el cuarto y el quinto paso del proceso de Perdón Radical, renmarcando la historia e integrando la nueva, están enraizados en el nuevo paradigma. Como bien sabes éste nos pide abrirnos a la idea de que no hay casualidades ni errores y que todo lo que ocurre es exactamente como tiene que ser. Esto incluye la forma y el momento de nuestra muerte si suponemos que como almas, elegimos y creamos las experiencias de nuestra vida. Incluso la muerte por asesinato, si tuviera que ocurrir, estaría incluida porque tendríamos que asumir que nuestra alma quería dicha experiencia.

Escribo esto en el momento en que el mundo está reviviendo el once de septiembre, diez años después. Debo admitir que, cuando vuelvo a verlo en la pantalla de televisión, me resulta muy difícil aceptar la veracidad del nuevo paradigma. Aun así, aunque nos quede mucho trabajo de Perdón Radical que hacer por los perpetradores de tal crimen, hemos de preguntarnos si en realidad tenemos derecho a afirmar que no tenía que haber ocurrido, si no era el deseo de las tres mil almas que murieron en aquel momento y de esa manera. Y ¿qué decir de los familiares a los que dejaron atrás? ¿No podría ser que el deseo de su alma era experimentar el dolor de la separación de este modo? Y ¿qué pasa acerca del deseo del alma de la propia humanidad? ¿Quién puede decir que no elegimos todos participar en ese acontecimiento con la esperanza de que algo bueno, aún por revelarse, saldría de ello? En los días siguientes al once de septiembre, cuando el Congreso se reunió para presentar sus respetos se oyó al capellán decir: «La mano de Dios estaba allí, en alguna parte». Pienso que quiso decir que era nuestro destino y que algo bueno emergería algún día purificando el mal aparente.

El Duelo Radical es muy similar al Perdón Radical y ofende de igual manera nuestra habitual forma de pensar y nuestras fuertes creencias. Pero, como bien sabes, siempre añadimos la salvedad de que no tenemos que creer en ello. Sólo tenemos que estar dispuestos a abrirnos a la idea y expresar nuestra disposición de algún modo, ya sea usando una plantilla, con el CD de los 13 Pasos de Duelo Radical o una versión del proceso de las Tres Cartas. No importa cuál usemos, el proceso nos pide cada vez entrar de lleno en nuestros sentimientos cuya función es conectarnos con nuestro yo superior a través de nuestra Inteligencia Espiritual.

Si quedara algo de resentimiento asociado, incluso una necesidad de venganza, además de la plantilla de Duelo Radical sería necesario hacer una plantilla de Perdón Radical. Si hubiera algo de culpa por liberar, tendrías que hacer una plantilla de Autoperdón Radical. Sólo es usando esas herramientas que después de sentirlo plenamente y reconocerlo, el duelo será trasformado y reanclado en tu cuerpo como nueva forma de ver la muerte. Es el cuarto paso, la integración. Pero primero veamos los supuestos básicos subyacentes al Duelo Radical a los que las herramientas nos abrirán.

Supuesto 1: Nuestras almas son inmortales. Cuando nos encarnamos tomamos un cuerpo que nos permite experimentar la separación emocionalmente. Es un vehículo temporal con tendencia a desgastarse tras un determinado número de años. Nos ayuda a hacer lo que tengamos que hacer para vivir la vida en al plano físico. Cuando llega la hora de volver a estar solamente en el Mundo del Espíritu, soltamos el vehículo y volvemos a casa. Esto significa que la muerte es una ilusión. Sólo nos parece muerte porque lo único que vemos es un cuerpo.

Jesús intentó enseñarnos a través de la resurrección que no hay tal cosa como la muerte. Obviamente no todo el mundo lo hace exactamente como Él. Sin embargo, millones de personas han experimentado la aparición de un ser querido tras su muerte bajo un aspecto menos físico pero indudablemente real, y han conversado con él. Ocurre muchas veces. Otros han recibido en su interior o a través de un médium mensajes de personas fallecidas que no podían provenir de nadie más. De hecho, creo que pocos vivos en la actualidad dudan de que la muerte es tan sólo una transición entre un reino de existencia y otro. Las pruebas de ello son irrefutables. Por mucho que lo intente la ciencia, no consigue demostrar lo contrario. Algunas de las teorías que los científicos proponen son infinitamente más extravagantes, estúpidas e improbables que las que intentan refutar. No es extraño porque la ciencia es por definición el estudio del Universo físico. No está equipada siquiera para empezar a observar lo que es esencialmente místico y extracorpóreo. Resulta que no tiene las herramientas para eso.

Supuesto 2: No existe tal cosa como una muerte inoportuna. La hora de nuestra muerte no es un error. Elegimos nosotros el momento de volver a casa y puede haber sido determinado antes de encarnarnos. ¿Quién no ha oído decir: «era su hora»? Las implicaciones aquí son claras. Pero también tenemos libre albedrío así que podemos cambiarla si queremos, por ejemplo, frente a una oportunidad de servir mejor el propósito de nuestra alma quedándonos un poco más.

Se cuenta la historia de un alma que decidió que quería encarnarse sólo por poco tiempo. En una vida anterior había conocido la opulencia pero había acumulado más riqueza. Al mismo tiempo, había privado al pueblo que regentaba de las necesidades básicas para vivir y muchos habían muerto de hambre.

—¡Enviadme a nacer a un lugar del mundo donde la gente sufra hambruna! —dijo—. Quiero experimentar ese tipo de privación para equilibrar mi energía anímica. Y que esté previsto que muera de hambre al cabo de tres años. Esto será ideal para mí.

Así fue y al cabo de tres años, su grupo de almas se reunió para recibirle de vuelta. No llegó. Un día, diecisiete años más tarde, apareció.

—¿Dónde has estado? —preguntaron todos—. Sólo tenías que ser humano durante tres años y te quedaste diecisiete años.
—Lo sé —replicó el alma—. Intenté vivir mi misión, pero esos condenados misioneros se empeñaron en darme de comer.

Bromas aparte, básicamente nuestra muerte está predeterminada y ocurre cuando tiene que ser. ¿Quién puede decir que en el gran plan de las cosas, morir, digamos, a los veinticinco años sea peor o mejor que hacerlo a los ochenta y cinco, especialmente si hay pocas probabilidades de que volvamos? Al fin y al cabo, ser mayor no siempre es muy atractivo.

Supuesto 3: La forma en que morimos también es perfecta. Para nosotros es más difícil trabajar esta idea. La gente a menudo dice: *no tengo miedo de morir, pero sí de sufrir mucho dolor en el proceso. El problema para mí es la forma de morir.*

Pienso que esconde muchas más. A menudo el dolor del que hablan surge a raíz de una profunda necesidad de resistirse a morir. Veamos más de cerca ese miedo y si el nuevo paradigma contesta la pregunta de por qué la gente se aferra tanto a la vida, cuando en comparación, volver a casa puede ser tan lindo. Volvamos a la conversación entre Jack, el alma en su entrenamiento previo a la encarnación, y Harley, el ángel veterano que lo está preparando. Puedes leer ahora cómo Harley explica el miedo a la muerte y por qué lo tenemos.

—Tuve que preguntar: si la vida es tan desagradable como parece ¿por qué a la gente desea alargarla tanto como pueda?

—Muy sencillo —contestó Harley—. Es el temor a la muerte, el temor a dejar de existir, lo que les mantiene en el programa. Es una tarea del ego, Jack. Primero te seduce con la creencia de que eres una entidad separada, que existe sola, separada de los demás seres humanos y de la fuente de infinita providencia y seguridad, Dios, y a todos los efectos independiente y autosuficiente. Luego te enseña a temer a la muerte, lo que conocemos aquí arriba como la vuelta a casa, hasta tal grado que te aferras a la vida a toda costa. El miedo a la muerte es la motivación. Es perfecta ¿no te parece?

—Imagino —asentí—. Pero ¿éste es el único propósito, convertir la muerte en algo temible para crear una especie de prisión sin barrotes de la que nadie escapa?

—Es más que eso, Jack. El temor a la muerte alza el listón a fin de alcanzar un nivel significativo de trascendencia a través del proceso de morir. Si hubiera poco miedo, el reto sería pequeño. El viaje de la vida no es otra cosa que un itinerario hacia la muerte y el propósito de la vida, amigo mío, es enfrentar nuestro peor temor y trascenderlo.

—¿Cómo lo trascendemos? –pregunté.

—Entregándonos.

—¿Entregándonos a qué?

—Lo descubrirás, Jack. Hasta que no sepas cómo se siente estar en un cuerpo humano encarando a la muerte, es imposible que lo puedas imaginar. Habrás pasado la mayor parte de tu vida pensando que eres autosuficiente y que controlas tu destino. A medida que te deslices hacia la muerte, te darás cuenta de que no tienes poder para controlar nada y que avanzas hacia la nada, hacia el no ser nada, el no existir. No hay nada más terrorífico para los seres humanos que la idea de no existir y es lo que la muerte representa para ellos.

»Lo hemos dispuesto así precisamente para que, cuando trasciendan su temor de la muerte, recorran la experiencia y descubran que no existir significa volver a convertirse en UNO con Dios, su conciencia de lo que esto significa se verá multiplicada por cientos de veces. ¿Puedes ver hasta qué punto esto eleva el listón de la trascendencia, Jack?

—Sí, pienso que sí –contesté pausadamente–. Esto da un valor espiritual a toda la experiencia. Cuanto más alto esté el listón, más grande será mi crecimiento a través del proceso de trascendencia. Y, en el momento en que me encuentre de vuelta a casa en este mundo, me daré cuenta de que mi temor a la muerte era directamente proporcional a la beatitud que siento de este lado.

—Correcto –dijo Harley–. Ahora estás empezando a entenderlo. La muerte no es la puerta a lo sublime, es el temor a la muerte. Lo sublime emerge de darse cuenta de que no sólo la muerte es una ilusión sino que también lo es la separación. ¡Qué bueno! ¿Verdad? Aquí arriba siempre lo hemos sabido, claro. Sabemos que la separación no es la verdad y damos por sentado que nosotros, las almas, existimos en la misma relación con el

Todo que las olas en relación con el océano. Para nosotros la Inteligencia Universal es como un vasto océano de conciencia. Cada uno de nosotros como alma emergemos de este océano y, entonces, en el momento correcto y perfecto caemos de nuevo en él para volver a ser uno con él.

Para nosotros la muerte no es nada, tan sólo forma parte de la canción de la existencia. Como sabemos que somos la existencia misma, dejar de existir no es nada para nosotros, nada más de lo que sería para una ola.

Pero cuando sois humanos no lo veis así. Los humanos no se pueden concebir simplemente muriendo en el océano de la conciencia. Procuran asegurar su inmortalidad —siguió diciendo—, imaginando que volverán en un nuevo tiempo de vida siendo ellos mismos, sin darse cuenta evidentemente que en cuanto vuelves a caer en el gran mar de la conciencia, en la UNICIDAD, nunca emergerás de nuevo como ser idéntico, como la ola que vuelve a caer en el océano nunca volverá a ser la misma. A igual que el océano cambia continuamente de forma, Dios continuamente se renueva a sí mismo en cada momento.

Trascender la muerte para multiplicar nuestra conciencia de la vibración del AMOR y de la UNICIDAD es la gran búsqueda que cada uno de nosotros emprende al bajar a la Tierra.

Lo que Harley estaba diciendo aquí es que el miedo a la muerte nos mantiene en el juego de la separación y en la vibración del miedo, y en este sentido es perfecto. También da a entender que el miedo se disipa completamente cuando morimos y volvemos a casa. No obstante, como ahora estamos despertando más pronto al hecho de que la muerte es una ilusión, podemos al menos parcialmente crecer en la vibración de Amor AHORA, aceptando la muerte como la culminación natural de nuestra misión en la Tierra y como suprema sanación de nuestra separación.

Dejar de definir el duelo como remordimiento por la muerte misma, como si no hubiera ocurrido hace que nuestro dolor y sufrimiento se reduzcan mucho. Entonces nuestro duelo sólo se aplica a la irreparable pérdida de un ser querido. No es la muerte misma que es tan trágica, es que la persona ya no está. No sería muy diferente si la persona se fuese a vivir al otro lado del mundo y dejáramos de tener noticias de ella. Incluso sería peor porque lo interpretaríamos como un castigo o un rechazo. Dejando aparte el suicidio, es difícil interpretar la muerte de alguien como un abandono aunque a veces la sensación sea parecida.

Dicho esto, con respecto a la hora real y la forma en que la persona muera, no dejaremos de tener fuertes sentimientos, evidentemente, como haría cualquier ser humano compasivo. Ver a una persona morir con dolor y agonía no es momento para hacer un *bypass espiritual*.

¿Cómo podríamos soportar imaginar un escenario en que un hijo es asesinado por un violador enloquecido? ¿Cuán traumático fue ver gente lanzándose desde las ventanas de las torres en llamas de la ciudad de Nueva York aquel fatídico día? ¿Quién no se preguntó cómo debe de ser morir y se estremeció? ¿Quién no desearía vengarse de los que cometieron ese crimen? ¿Quién pudo cruzar las puertas de Auschwitz cuando fue liberado sin que se le revolvieran las tripas frente a lo que encontró?

Y por supuesto cuando alguien muere en edad temprana, siempre nos preguntaremos ¿qué clase de vida le esperaba de haber tenido la oportunidad de vivir hasta los setenta? Parece como una vida desperdiciada o segada y nos inspira tristeza y lágrimas.

La epidemia de sida segó la vida de muchos de nuestros artistas más talentosos que podrían haber vivido muchos años contribuyendo con sus talentos a la humanidad. Rudolf Nureyev, el bailarín ruso, la estrella de cine Rock Hudson y Freddie Mercury de la banda de rock Queen son los que me vienen enseguida a la mente. ¡Qué tremenda pérdida fueron ellos y gente como ellos para la humanidad! ¿Pero quién sabe qué nuevos talentos fueron capaces de inspirar desde el otro lado? ¿Cómo saber si no han vuelto ya en otro cuerpo, contribuyendo a la humanidad de otra manera? No lo podemos saber, pero es bueno pensar que la vida sigue y gira de esta forma, que nadie muere, que nada es desperdiciado, que nada se pierde.

Así a través del proceso de Duelo Radical no sólo reduciremos la intensidad de nuestro duelo drenando todos los supuestos sobre la muerte misma, dejando sólo el puro dolor de no tener más a la persona en nuestra vida, sino que también ayudaremos a otros en el proceso de morir de una forma significativa. Si podemos sentirnos presentes al lado de una persona que se muere y ser capaces de verlo no como un momento trágico sino como su momento de crecimiento en la vibración del amor, entonces estamos nosotros mismos emitiendo la vibración del Amor. Podemos incluso sentir alegría por ellos porque sabemos que vuelven a casa. Si estamos ayudando en el tránsito de una persona amada, nuestro propio duelo por su pérdida vendrá más tarde.

Dejándola partir

Otro gran beneficio del Duelo Radical es que, al adherirte a la idea de que había perfección en el fallecimiento, exactamente tal como ocurrió, es menos probable que retengas el alma de la persona aferrándote a ella. Al ver que tu duelo es muy intenso, que dura mucho y está lleno de ira y profunda tristeza, el alma que se va podría sentirse incapaz de dejarte y se quedaría atrapada en el plano astral, sin poderse dirigir plenamente hacia la luz. Con el Duelo Radical te sentirás menos inclinado a retenerle.

EJERCICIO

Teniendo en mente que todas las herramientas que usamos para pasar al nuevo paradigma nos ayudan a *fingirlo-hasta-conseguirlo*, te sugiero revisar cada una de las pérdidas que indicaste al principio de este capítulo para la trasformación de tu duelo. Elige una para trabajar ahora en ella y espera unas horas antes de trabajar la siguiente, si la hay. Después de revivir en tu mente las circunstancias de su muerte, de recordar su relación contigo y lo que significó para ti, lee en voz alta, pausadamente y a conciencia, cada una de las siguientes declaraciones.

1. Velando su muerte, me permito sentir cuán profundamente me consume el duelo por su pérdida. ¡Qué profundo vacío ha dejado esa pérdida en mí! ¡Cuánto sufre mi corazón por ella! Concentro toda mi atención en el duelo y permito que fluya a través de mi cuerpo. Permito que las lágrimas broten sin restricción.

2. Reivindico el derecho a tener tales sentimientos y estoy dispuesto a soltar cualquier juicio acerca de mi estado emocional, sabiendo que sin importar lo que yo crea sobre la muerte es esencial que sienta mi duelo plenamente.

3. Estoy dispuesto a ver que la muerte de una persona forma parte íntegra de su viaje de vida y que la hora y las circunstancias de su muerte son un parte íntegra de su Plan Divino y a veces incluso un tema de elección. Estoy ahora dispuesto a ver que esa muerte es mera ilusión.

4. Sabiendo esto, estoy dispuesto a soltar todos mis juicios acerca de esta muerte y de las circunstancias en las que se produjo.

5. Estoy abierto a la idea de que existimos en espíritu antes de elegir tomar un cuerpo, como medio de experimentar adrede la separación y que seguiré existiendo después de que mi cuerpo deje de estar.

6. Estoy dispuesto a abrirme a la idea de que la muerte que estoy llorando fue, en cierto sentido, perfecta y tenía que ocurrir de esa manera.

7. Estoy abierto a la idea de que al estar dispuesto a aceptar la muerte de esa persona como perfecta en el sentido espiritual, facilito su tránsito, lo hago más sereno y armonioso que si yo siguiera viéndolo como trágico o equivocado.

8. Sé que le echaré de menos pero estoy empezando a sentirme más sereno y aceptando a la muerte misma, sabiendo que fue su elección liberarse del lastre de tener un cuerpo y volver a casa.

9. Me veo ahora soltando la necesidad de ver a la muerte como menos que perfecta y empiezo a sentir una sensación de paz tanto para mí como para él/ella.

10. La muerte no es ni un fallo ni un hecho antinatural. Alcanzar la aceptación de la muerte como parte de la vida misma aporta

un sentido más profundo a nuestra sensación de pérdida y, en último término, es el bálsamo que sana nuestras heridas. A medida que le libero de cualquier necesidad de estar vinculado conmigo energéticamente, empiezo a sentirme ahora más en paz.

¡Así es!

Duelo por algo que no es ni una persona ni una mascota

Cuando pierdas algo importante para ti, experimentarás duelo mezclado con muchos otros sentimientos como ira, frustración, miedo, tristeza, culpa y otros. Ciertamente, es diferente de perder a un ser amado pero no importa lo que hayas perdido, sigues necesitando sentir los sentimientos y recorrer un proceso similar, con la perspectiva que te da el Duelo Radical para suavizar el dolor y acelerarlo. Es un asunto energético. Un soldado que pierde un miembro en la guerra necesitará llorar la pérdida de una pierna o de un brazo antes de seguir adelante y adaptarse a la vida sin ellos. Una persona que pierda el empleo que ha ejercido durante años y al cual dedicó su vida necesitará llorarlo mucho antes de encontrar otro que le convenga. Si no llora el anterior no podrá atraer uno nuevo. Un reo sentenciado a años de prisión tendrá que llorar la pérdida de su libertad antes de poder funcionar adecuadamente como ser humano dentro de un entorno restringido. Quien pierda una relación deberá llorar esa pérdida antes de crear con éxito una nueva. Si no, se llevará la energía de la anterior y acabará perdiendo la nueva también.

Con la pérdida de un ser querido el cambio solicitado al apenado era abrir la energía al renmarcar la muerte. Si lo que has perdido no es un ser querido deberás renmarcar lo que te haya ocurrido. Dicho de otra manera, una vez hayas sentido los sentimientos, atravesado la ira y la depresión y negociado un poco para ver una salida, necesitarás negociar el resto con el Espíritu completando la formulación de un nuevo marco. A estas alturas deberías saber lo que quiero decir con esto, así que no lo volveré a explicar. Sencillamente, te guiaré en un proceso de Duelo Radical por lo que sea que hayas perdido y te sientas mal. Como antes, rellena las dos primeras declaraciones y luego lee en voz alta y a conciencia las cinco.

EJERCICIO
1. Lo que he perdido lo valoraba mucho y por lo que siento mucho duelo es: _____

2. Tengo derecho a sentirme mal por perderlo y asumo mis sentimientos. Me siento _____

3. Reconozco que no hay casualidades en la vida y, aunque probablemente nunca entienda por qué, debe haber una razón para que esto ocurriera. DE ACUERDO/NO DE ACUERDO.

4. Estoy dispuesto a soltar totalmente mi apego por lo que irreparablemente salió de mi vida y confío en que el Universo me apoyará de todas formas. DE ACUERDO/NO DE ACUERDO.

5. Me siento cómodo sabiendo que mi Inteligencia Espiritual sabe lo que necesito y que el Espíritu es la fuente de providencia en todo momento. DE ACUERDO/NO DE ACUERDO.

El tema del aborto

No puedo dejar este capítulo sobre el duelo por tus pérdidas sin tratar el tema del aborto. Muchas de las mujeres que han pasado por un aborto o las personas que han tomado parte en esta decisión soportan mucho dolor por el hecho de poner fin a un embarazo y se sienten muy culpables. Algunas lo viven como una pérdida profunda, especialmente si nunca más logran concebir y se pierden la oportunidad de tener hijos propios.

Lamentablemente el asunto del aborto se ha convertido en un tema muy polarizado. Por una lado, están los que se oponen sean cuales sean las circunstancias y del otro lado están los que lo consideran una elección personal. No oímos mucho hablar a los que quizá desearían encontrar un término medio entre esos dos extremos, pero estoy seguro de que la mayoría de la gente desearía que se negociara una postura más matizada. Pienso que nuestra forma de verlo y cómo tratamos a las personas confrontadas con ello nos ofrece una maravillosa oportunidad de crecer en el Amor con respecto a ese difícil tema filosófico.

Como muchas de las cosas que se polarizan tanto, ninguno de los extremos puede pretender conocer la respuesta a la pregunta espiritual básica que se encuentra en el centro del tema. Por eso el acuerdo es imposible porque mientras la ciencia nos dice todo acerca de los meandros de la fertilización y de la división de las células, no tiene nada que decir acerca del proceso según el cual un alma entra en el cuerpo y qué le pasa si se interrumpe el embarazo.

De todas formas, nadie conoce la respuesta a esta pregunta y se habla poco de ello. La mayoría de las Iglesias son dogmáticas al respecto y no están mejor informadas de la verdad que los demás. Ambas posturas se basan en supuestos que no se sostienen en hechos sino que sólo apoyan sus propios prejuicios.

Y eso es exactamente lo que voy a hacer puesto que tampoco lo sé. Todo lo que puedo hacer, como todos, es inventarme una historia basada en ciertos supuestos e inspiradas aproximaciones acerca de cómo transitamos entre el reino espiritual y el físico a través de los procesos de nacimiento y muerte.

Primero, permíteme expresar lo siguiente. El aborto es un tema sumamente importante y merece nuestra profunda consideración hacia los ámbitos éticos, sociales y espirituales. No tengo ninguna duda al respecto. Por eso no lo estoy tratando a la ligera. También soy consciente del hecho de que soy un hombre y como tal no tengo los medios para saber lo que se siente al tener la responsabilidad espiritual de dar la vida a un alma que pide venir a este mundo. Eso sólo lo sabe una mujer. Los hombres deben respetar esto y tener la suficiente humildad para admitir que no tienen acceso al mismo conocimiento que las mujeres y deberían estar dispuestos a someterse a la sabiduría femenina acerca del proceso de dar vida.

Sin embargo, dicho esto y recordando todo lo que he dicho antes acerca de que las almas son inmortales y tienen la capacidad de elegir a sus padres y decidir acerca de su misión, puedo imaginar fácilmente que podría ser frustrante si la mujer que han elegido como vía de encarnación dijera *no, ahora no*. Al fin y al cabo esa alma puede haber reflexionado mucho sobre el porqué esa persona es la madre ideal a través de la cual experimentar la vida. Incluso puede haber dado lugar a un contrato de almas entre la suya y la de la madre.

Pero, dejando aparte la frustración, no puedo imaginar que el alma quede mortalmente herida si la madre dice *no*, incluso si ya se ha anclado en forma de lo que llamamos feto. Si le abortan no se extinguirá más que el alma de un bebé que muera de sida, o que el alma de un soldado que se apaga en combate. El alma no puede morir. Según todas las probabilidades, tan sólo vuelve a casa, en el reino espiritual, no desmejorada sino quizás habiendo experimentado algo instructivo y valioso. Y ¿quién puede decir que el alma no eligió experimentar el aborto para equilibrar la energía de haber sido una mujer que abortó en una vida anterior?

Esto no implica que una mujer y su pareja, que es y debería ser parte de la decisión, deban abordar esa decisión sin la debida precaución y meditada consideración. Seguramente existe una buena razón por la que un alma pidió paso hacia la experiencia humana a través de ella y hay que respetarla. Se deben contemplar si las razones de decir *No* son lo suficientemente buenas como para ser apoyadas teniendo en cuenta las oportunidades que se presentan tanto para la madre como el futuro hijo. Es preciso considerar ambos lados de la argumentación antes de tomar una decisión.

Pero la madre potencial también tiene un alma y los deseos de su alma deben ser honrados igualmente. Pienso que posiblemente al no entender realmente lo difícil que llega a ser la vida aquí abajo en la densa vibración del reino físico, el Mundo Espiritual a veces puede llegar a cargar demasiado la espalda de un alma que ha tomado un cuerpo. Estoy seguro de que desde arriba todo parece muy fácil. También pienso que entienden que un alma que se encuentra en un cuerpo humano tiene derecho a decir *No* a cualquier tarea que se le asigne en cierto momento. Al fin y al cabo, es un principio que tenemos libre albedrío y a veces esa libertad se ejerce diciendo *No* a un alma que está pidiendo encarnarse a través del cuerpo de esa otra alma.

De todas maneras, pienso que es importante que una mujer diga *No* en cuanto antes después de descubrir que está embarazada. Teniendo en cuenta que ninguno de nosotros sabe cuándo el anclaje del alma ocurre realmente, puedo imaginar que cuanto más fuerte sea el arraigo de la vibración energética a nivel físico, más difícil le será desvincularse y volver a casa. Y no necesariamente tiene que ser un rechazo total. ¿Cuántas veces decimos a alguien que quiere algo de nosotros *no, ahora no, pídemelo luego*? En otras palabras podríamos decir al alma: *gracias por elegirme pero no estoy lista para eso ahora. Inténtalo más tarde cuando sea más fuerte y preparada. Te quiero.*

Nuevamente como hombre no puedo decir lo que tiene que hacer una mujer en relación con esa decisión, pero respetuosamente sugiero que podría ser de ayuda tener una conversación con el alma que está llamando a la puerta. Háblale y explícale por qué deseas rechazar ser el conducto esta vez, dale a conocer que te sientes realmente honrada de que te lo haya pedido, que la amas tiernamente aunque estés diciendo *No* esta vez. Entonces permanece en silencio y escucha. Deja que el alma te hable. Puede que te libere amorosamente de la obligación y te diga por qué eres tan especial y por qué te eligió en primer lugar.

Tener ese tipo de diálogo contigo y sentir tu amor puede ser suficiente para el alma y satisfacer su necesidad de conectar contigo. Quizá también le permita seguir adelante y encontrar otra madre para encarnarse. Y no ha pasado nada malo.

Conclusión

Crecer en el Amor significa darnos el poder de vivir conscientemente, seguir despiertos, vivir nuestro propósito, mantener nuestros corazones abiertos y permanecer conectados en todo momento con EL TODO QUE ES, pase lo que pase. Por momentos, no lo conseguiremos. Cuando esto ocurra deberemos amarnos a nosotros mismos por retroceder un poco. Seguimos siendo una obra en progresión continua.

Como adolescentes aprendiendo a ser adultos totalmente despiertos, seguiremos necesitando usar las herramientas como de costumbre para ayudarnos a crecer más profundamente en el Amor. En especial necesitamos usar la serie de herramientas de Vida Radical en nuestra vida de cada día a fin de elevar sistemáticamente nuestra vibración y expandir nuestra capacidad de amor. Y éstas son: el Perdón Radical, la Aceptación Radical, el Despertar Radical, la Autopotenciación Radical la Trasformación Radical y la Manifestación Radical.

Esas herramientas proporcionan el puente entre los dos paradigmas otorgándonos la capacidad de practicar conscientemente estar en el nuevo paradigma mientras seguimos operando en el viejo. Hasta que la masa crítica dé el salto cuántico y cierre esa brecha de conciencia, tendremos que usar ese puente.

Las herramientas de Perdón Radical nos ayudarán a neutralizar todos los agravios del pasado y a gestionar pacíficamente los que ocurran en el presente sabiendo que todo es perfecto. Las de Aceptación Radical siempre nos permitirán ver la divinidad en nosotros mismos y todos los demás. Las de Trasformación Radical nos ayudarán a trasformar acontecimientos exteriores mediante nuestro propio cambio de percepción de lo que parece ocurrir. Con las de Manifestación Radical podemos crear conscientemente nuestro futuro deseado, decidiendo qué manifestar, por qué lo queremos, qué hacer con ello cuando aparezca y con qué propósito. Al hacerlo identificamos nuestro propio propósito de vida, nuestras metas y los valores que se alinean con nuestra verdad espiritual.

El único requerimiento es un alto nivel de compromiso con tu crecimiento espiritual. Si has llegado a esta página después de leer todas las anteriores, seguro que tienes ese compromiso. Si no, ya habrías dejado el libro hace tiempo.

Incluye la responsabilidad de mantenerte fiel a ti mismo, de saber quién eres y de asumir el poder que posees para, literalmente, cambiar el mundo. Tu presencia en el mundo en este momento especial es sumamente importante. Espero que seas consciente de ello.

Para ayudarte a conectar de verdad con lo que significa crecer en el Amor y concluir este libro, lo ideal parece ser terminar con otro proceso de los 13 Pasos.

Los 13 Pasos de Autopotenciación Radical

Paso 1. Como desde una posición ventajosa fuera de ti mismo y muy por encima de tu cabeza, dedica un momento a observarte como ser humano despierto. Considérate como ser espiritual teniendo una experiencia espiritual dentro de un cuerpo humano, habiendo finalmente despertado a la realidad de por qué estás aquí y con qué propósito.

Paso 2. Después de completar el volumen de separación que acordaste tener en esta vida, siente la alegría de darte cuenta de que eres libre de vivir el resto de tu vida con el compromiso de ser la mejor persona posible, de estar totalmente despierto y consciente de tu ser divino.

Paso 3. Al mirar atrás a tu vida y ver cómo has creado oportunidades de aprender y crecer, ¿estás dispuesto a otorgarte el crédito de haber deseado hacer este viaje para el crecimiento de tu alma y para completar tu contrato con otras almas mientras estás en el planeta Tierra?

Paso 4. Aunque ya estés despierto, ¿estás dispuesto a alimentar la posibilidad de que la vida sigue proporcionando circunstancias para ti que pueden presentarse como retos, pruebas para mantenerte despierto y, en ocasiones, tentaciones de volver a Victimlandia?

Paso 5. ¿Serás tolerante contigo mismo y te perdonarás si ocurre que temporalmente olvidas quién eres y te vuelves excesivamente recriminatorio o crítico hacia otras personas, sabiendo que eso significa ser imperfectamente humano, aunque estés despierto?

Paso 6. Dado que a veces te podrías enojar con otra persona, ¿querrás, después de sentir los sentimientos, decidir ver la perfección en la situación y pasar rápidamente a un estado de paz y aceptación?

Paso 7. ¿Estás dispuesto a convertir el Perdón Radical en tu estilo de vida natural comprometiéndote a rellenar plantillas, escuchar los 13 Pasos o hacer el proceso de los 4 Pasos más o menos a diario, por insignificante que te parezca el asunto, a fin de mantenerte despierto?

Paso 8. ¿Eres capaz de ver ahora que, como ser despierto y espiritualmente consciente, tienes el poder de manifestar la vida que quieres y marcar una diferencia en el mundo, que esté alineada con tu misión y tu propósito de un modo antes imposible?

Paso 9. Por lo tanto, ¿estás ahora comprometido en desarrollar tu poder de manifestación que aportará auténtico y certero valor en el mundo para ti y los demás y en elevar la vibración del planeta mediante el uso de las herramientas de Manifestación Radical?

Paso 10. ¿Estás dispuesto ahora a aceptar la responsabilidad de ser uno de los pocos, y quizá pronto uno de los muchos, que alimentan y sostienen una alta vibración, incluso en las peores circunstancias, que a otros parecen catastróficas, y mantener la elevada intención de crear el mejor y más elevado desenlace para todos los involucrados?

Paso 11. ¿Estás dispuesto a aceptar el hecho de que si continúas usando con regularidad la técnica de Perdón Radical y de Manifestación Radical, alcanzarás el nivel de frecuencia vibratoria suficiente para trasformar la conciencia de la raza humana?

Paso 12. Al sentir tu calidad de conexión con todos y con todo en el Universo, ¿eres capaz de aceptar totalmente tu capacidad, como uno entre muchos que vibran en la misma frecuencia, de crear un mundo de paz y estás dispuesto a alimentar esa intención ahora?

Paso 13. Finalmente, ¿estás dispuesto a soltar cualquier apego por estar despierto, marcar una diferencia, crear paz mundial o manifestar cualquier cosa con cualquier consecuencia, sabiendo que entregándote a lo que es, tal como es, estás confiando en el Universo para que se encargue de lo que sea necesario que ocurra?

¡Y así es!

Acerca del autor

Nacido en Inglaterra en 1941, Colin creció durante la guerra y la posguerra en una familia de clase trabajadora. Tiene un hermano mayor y una hermana menor. Sus padres eran buenas personas, amorosos y muy trabajadores y él se considera bendecido por haber tenido una infancia estable y alegre a pesar de las duras condiciones sociales de la época.

Se graduó en educación y dio clases en la Universidad de Londres y Middlesex entre 1973 y 1983. Emigró a Estados Unidos en 1984 y pronto se diplomó en hipnosis clínica. En 1992, su esposa, a la que conoció en Atlanta y con quien se casó en 1990, y él crearon una serie de retiros de sanación en las montañas al norte de Georgia para personas aquejadas de cáncer. Al detectar que la falta de perdón era un factor importante, se pusieron a trabajar en una nueva forma de perdón que la gente pudiera realizar con facilidad y gracia. Y así nació el Perdón Radical. El método según el cual se aplicaba con gran éxito se llama ahora Método Tipping.

En 1997, Colin escribió la primera edición del libro *El Perdón Radical* y desde entonces ha escrito otras obras además de producir una serie de programas prácticos de sanación. La característica principal de su obra es ser una espiritualidad práctica, sencilla, honesta, directa y sin pretensiones. Al mismo tiempo, nunca afirma tener la verdad y es feliz de vivir en el misterio de la pregunta, le encanta reflexionar y crear *historias* que al menos tengan sentido para nuestras limitadas mentes y resuenan con nuestra sapiencia interior.

Colin tiene el don de convertir asuntos espirituales en algo sencillo y práctico. Considera que la espiritualidad es inútil si no puede ser utilizada de un modo práctico en la vida cotidiana. Todos sus libros tienen una vertiente práctica al igual que sus talleres.

Colin muestra el camino en la preparación de la población para el Despertar Global inminente. Durante varios años la declaración de Colin en cuanto a su misión ha sido: *elevar la conciencia del planeta a través del Perdón Radical y crear un mundo de perdón hacia 2012.* Ha dedicado los pasados doce años a perfeccionar las herramientas que todos podemos usar para hacerlo posible. Elevan nuestra vibración y nos ayudan a mantener nuestra paz interior mientras atravesamos este período de transición.

Colin Tipping está llevando una fórmula del Método Tipping a las empresas y administraciones como medio de prevenir y resolver conflictos, elevar el estado de ánimo e incrementar la productividad. En su libro *Spiritual Intelligence at Work*[58] explica las bases de este sistema.

Entrenando a otros para difundir el mensaje[59]

En el año 2000 Colin y JoAnn Tipping fundaron el Institute for Radical Forgiveness Therapy and Coaching, Inc. y, desde entonces, sigue aumentando el número de coaches y terapeutas en Estados Unidos y en otros países del mundo.

---

58. «Inteligencia espiritual en el trabajo», aún no disponible en español. *(N. de la T.).*
59. Contacto para formación en inglés: support@radicalforgiveness.com y en español: info@perdonradical.es. *(N. de la T.).*

Índice